AF667511

संस्कृतसर्वस्वम्

Sanskrit-Vademecum

von Maximilian Mehner
und Jürgen Hanneder

Indica et Tibetica Verlag
Marburg 2019

Bibliographische Information Der Deutschen Bibliothek
Die Deutsche Bibliothek verzeichnet diese Publikation in der Deutschen Nationalbibliographie; detaillierte bibliographische Informationen sind im Internet über http://dnb.ddb.de abrufbar.

©Indica et Tibetica Verlag, Marburg 2019

Alle Rechte vorbehalten / All rights reserved

Ohne ausdrückliche Genehmigung des Verlages ist es nicht gestattet, das Werk oder einzelne Teile daraus nachzudrucken, zu vervielfältigen oder auf Datenträger zu speichern.

Satz: Maximilian Mehner und Jürgen Hanneder
Herstellung: BoD – Books on Demand GmbH, Norderstedt

ISBN 978-3-923776-63-4

Inhaltsverzeichnis

अथ त्रिमुनिस्तुतिः

यद्बोधात्पाणिनीयस्य लिङ्गादेर्ज्ञानसम्भवः ।
तं श्रीमद्बोधलिङ्गाख्यं महामुनिमुपास्महे ॥ १ ॥

शब्दशास्त्रप्रवीणो यः फणिभृद्वाक्प्रकाशकः ।
तस्मै नौतलश्रृङ्गाय नागराजः सिषेविरे ॥ २ ॥

पाणिनीयार्ककिरणैस्तप्यत्पेलवचेतसाम् ।
लिबिको व्यतनोच्छैत्यं चान्द्रशास्त्रकरैरलम् ॥ ३ ॥

शार्मण्यत्रिमुनिप्रक्लृप्तमथिताच्छब्दाम्बुराशेर्भृशं
विस्ताराख्यविषं विवर्ज्य सरलं सारं जिघृक्षत्तया ।
सद्रूपावलिधातुपाठसहितं सामासिकादिप्रभं
सर्वस्वं दिविचारिवाङ्गिकरतोऽस्मिन्संप्रणीतं मया ॥ ४ ॥

Anmerkungen:

बोधलिङ्ग = Otto Böhtlingk, Herausgeber der Grammatik des Pāṇini.

नौतलश्रृङ्ग = Franz Kielhorn, Herausgeber des *Mahābhāṣya* des Patañjali.

लिबिक = Bruno Liebich, Herausgeber der Grammatik des Candra.

Einleitung

Eine Aufbereitung der Grammatik des klassischen Sanskrit durch Tafeln zum bequemen Nachschlagen, wie man sie etwa für das Lateinische kennt oder wie sie in den Anhängen sehr vieler Wörterbücher moderner europäischer Sprachen zu finden sind, dürfte nicht nur für die ersten Semester ein willkommenes Arbeitsmittel sein. Der Grammatiker mag vielleicht einwenden, daß gerade das mühselige Nachschlagen den nötigen didaktischen Druck ausübt – Kielhorn fügte bekanntlich seiner Grammatik aus ähnlichen Gründen bewußt keinen Index bei –, aber in der Praxis behilft man sich dann eben mit anderen Nachschlagewerken.

Erfahrungsgemäß bleibt die Grammatik, mit der man Sanskrit gelernt hat, so unvollkommen sie auch sein mag, lange die erste Wahl, wenn man sich einer bestimmten grammatischen Form versichern will. Der Grund hierfür ist natürlich, daß man in dem einmal gründlich durchgearbeiteten Werk das Gesuchte am schnellsten auffinden kann, sogar wenn die Information eigentlich verstreut ist. Schwieriger wird es, wenn man Formen sucht, die nicht mehr in der Einführungsgrammatik stehen. Dann muß man doch wieder auf umfangreichere Grammatiken zurückgreifen, und für die Verbalformen ist man oft auf die Bilderegeln und Ausnahmen oder eine Sammlung von Indices angewiesen. Coulsons Lehrbuch trägt dem Bedürfnis, allerdings nur auf der Ebene des Anfängers, mit einem sehr praktischen Tafelwerk Rechnung.[1] Das vorliegende Büchlein bietet eine ähnliche, aber viel umfangreichere Zusammenstellung, angereichert mit weiteren Verzeichnissen, die sich in der Praxis auch für Fortgeschrittene als hilfreich erwiesen haben.

In der indischen Schulpraxis wird bekanntlich eine *Rūpāvalī* oder *Rūpamālā* – eine Zusammenstellung der wichtigsten Paradigmen – zum Auswendiglernen wie auch zum Nachschlagen verwandt.[2] Solche finden wir bereits in vormodernen, handgeschriebenen Exemplaren, aber auch in verschiedenen Drucken.[3] Auf dieser klassischen Form aufbauend gibt es, angefangen von kleinen Westentaschenheften auf 60 Seiten[4] über pragmatische Zusammen-

---

[1] Michael Coulson: *Sanskrit*. Teach Yourself Books 1976, S. 279–313. [2] Siehe Ludwig Alsdorf: „Indisches Bildungswesen". In: *Kleine Schriften*, S. 582. [3] Etwa *rūpāvalī. bālakānāṃ sukhapāṭhanārtham*. Poona Oriental Series 45, Poona: Oriental Book Agency 1932. [4] *saral dhāturūpāvalīḥ*. Vārāṇasī: Chauwkhambā Kṛṣṇādās Ākademī [ohne Jahr].

stellungen mittlerer Größe,[1] umfängliche Kompilationen aller erdenklichen Einzelformen,[2] sowie mehrbändige Kompendien, wobei Vollständigkeit bei den Konjugationsschemata wegen der Formenvielfalt und den Unregelmäßigkeiten kaum zu erreichen ist. Gemeinsam ist diesen, daß das Auffinden bestimmter Formen oft schwierig ist. Ein guter Kompromiß ist das *Sanskrit Manual*,[3] das jedoch schon monographischen Umfang hat. Zu klein, aber schon aus bibliophilen Gründen erwähnenswert ist ein italienisches Liliput-Glossar, welches einen grammatischen Anhang enhält.[4]

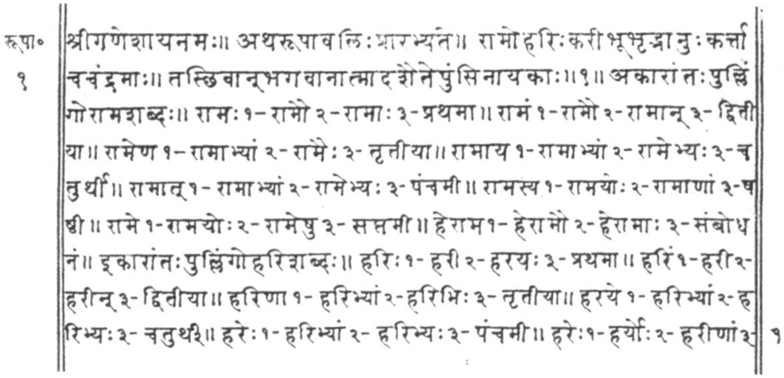
रूपा०
१
श्रीगणेशायनमः॥ अथरूपावलिःप्रारभ्यते॥ रामोहरिःकरीभूभृद्भानुःकर्त्ता
चचंद्रमाः॥ तस्त्रिवान्भगवानात्मादर्शेनेपुंसिनायकाः॥१॥ अकारांतःपुल्लिं
गोरामशब्दः॥ रामः १-रामौ २-रामाः ३-प्रथमा॥ रामं १-रामौ २-रामान् ३-द्विती
या॥ रामेण १-रामाभ्यां २-रामैः ३-तृतीया॥ रामाय १-रामाभ्यां २-रामेभ्यः ३-च
तुर्थी॥ रामात् १-रामाभ्यां २-रामेभ्यः ३-पंचमी॥ रामस्य १-रामयोः २-रामाणां ३-ष
ष्ठी॥ रामे १-रामयोः २-रामेषु ३-सप्तमी॥ हेराम १-हेरामौ २-हेरामाः ३-संबोध
नं॥ इकारांतःपुल्लिंगोहरिशब्दः॥ हरिः १-हरी २-हरयः ३-प्रथमा॥ हरिं १-हरी २-
हरीन् ३-द्वितीया॥ हरिणा १-हरिभ्यां २-हरिभिः ३-तृतीया॥ हरये १-हरिभ्यां २-ह
रिभ्यः ३-चतुर्थी॥ हरेः १-हरिभ्यां २-हरिभ्यः ३-पंचमी॥ हरेः १-हर्योः २-हरीणां ३ १

Eine handschriftliche *Rūpāvalī*

Obwohl es ein Standardwerk der Indologie darstellt, ist auch Whitneys Wurzelverzeichnis[5] problematisch, da es häufig keine brauchbaren Bedeutungen der Wurzeln angibt und durch den methodischen Argwohn gegenüber den indischen Grammatikern zu einer unpraktischen Auswahl von Formen kommt.

Aufbauend auf den Erfahrungen mit solchen Hilfsmitteln verbindet das vorliegende Bändchen zunächst eine Reihe von Verzeichnissen, die man bei der Sanskritlektüre erfahrungsgemäß immer wieder benötigt: Den Anfang machen eine knappe Übersicht zur Nāgarī-Schrift, Sandhi-Tabellen und eine recht vollständige Sammlung der Deklinationen einschließlich der Zahlen. Darauf folgt ei-

[1] Etwa: *Śabdamañjarī*. Ed. K. L. V. SASTRY and ANANTARAMA SASTRI, Kalpathi: R. S. Vadhyar & Sons 1985 (auf 160 Seiten). [2] *Rūpacandrikā*, ed. RAMCHANDRA JHA, Varanasi: Chowkhamba Sanskrit Series Office 1992 (auf 656 Seiten). [3] RODERICK BUCKNELL: *Sanskrit Manual. A quick reference guide to the phonology and grammar of classical Sanskrit*. Delhi 1994. [4] *Dizionario Sanscrito-Italiano. Italiano-Sanscrito*. [Hrsg.] TIZIANA PONTILLO. A. Vallardi 1993. [5] WILLIAM DWIGHT WHITNEY: *The Roots, Verb-Forms and Primary Derivatives of the Sanskrit Language. A Supplement to his Sanskrit Grammar*. Leipzig 1885.

ne pragmatisch orientierte Übersicht der primären und sekundären Wortbildung mit zwei beispielhaften Visualisierungen sich daraus ergebender Wortfelder. Dabei wurde bewusst auf die Angabe einheimischer Fachterminologie[1] verzichtet, um in der Kürze nicht eine oberflächliche Übertragbarkeit der betreffenden Kategorien zu implizieren. Es folgt eine Liste von Indeklinabilia. Alle diese Listen beschreiben das klassische Sanskrit, wobei versucht wurde, ohne mechanisch Vollständigkeit anzustreben, möglichst viele Fälle abzudecken.

Bei der Konjugation, bei der Vollständigkeit ohnehin nicht zu erreichen war, wurde ein anderer Weg gewählt. Auf einen Überblick der wichtigsten Paradigmata für die Konjugation folgt statt einer Zusammenstellung von unzähligen Konjugationstabellen ein Verbenverzeichnis mit den wichtigsten Flektionsformen. Vorbild hierfür war der Anhang in der Sanskrit-Grammatik von MACDONNELL.[2] Das vorliegende Verzeichnis wurde jedoch von Grund auf neu erstellt und ist erheblich umfangreicher. Es werden hier ca. 550 Wurzeln und Denominativa mit ihren wichtigsten bzw. häufigsten flektierten Formen gelistet, ggf. mit deren vorgeschriebener Präsensklasse und deren Eintrag im *Dhātupāṭha*. Die Auswahl war zunächst subjektiv und spiegelt die Leseerfahrung der beiden Bearbeiter, nicht selten wurde aber geprüft, ob bestimmte Formen überhaupt außerhalb der grammatischen Literatur vorkommen und so versucht, nicht ein möglichst vollständiges, aber ein für den Sanskrit-Leser möglichst nützliches Verzeichnis zu erstellen.[3] Daher finden sich am Ende jedes Eintrages auch Hinweise auf die Nominalbildung, auf häufige Ableitungen oder auf Idiome.

Im Anschluß folgt ein Abschnitt zur Kompositionslehre, in welchem Komposita mit den in der einheimischen Sanskrit-Grammatik und der Kommentarliteratur üblichen Auflösungen gegeben werden. Während alle Einführungsgrammatiken die Kompositionslehre behandeln, finden sich die für die Lektüre von Kommentaren sehr

---

[1] Nämlich das Anführen von *kṛt-* und *taddhita-pratyayas* die Wortbildungssuffixe betreffend, sowie ein Abgleich mit den Kategorien *yaugika*, *rūḍha*, *yoga-rūḍha* und *yaugika-rūḍha* das Wortfeld betreffend. [2] ARTHUR A. MACDONNELL: *A Sanskrit Grammar for Students*. Third Edition. Oxford 1927, S. 210–231. [3] Für die Prüfung wurden Sammlungen von e-Texten, insbesondere das *Göttingen Register of Electronic Texts in Indian Languages* (GRETIL), durchsucht. Denn in der Praxis ergibt sich, daß manche Formen und Beispiele der (indischen wie europäischen) Grammatiker zwar didaktischen Wert besitzen, aber nicht unbedingt in der täglichen Lektüre auftauchen.

hilfreichen »*vigraha*«-Formen nur sehr verstreut in der Literatur. Unser Überblick ging ursprünglich von einem kleinen grammatischen Heftchen aus,[1] welches wir allmählich mit weiteren Quellen[2], bisweilen auch in Rücksprache mit unserem grammatisch versierten Kollegen Mahesh Deokar (Pune) überarbeitet haben. Ein vollständiger und systematischer Überblick über die Kompositionslehre, mit übersetzten Belegen aus der nicht-grammatischen Literatur bleibt weiterhin ein Desideratum.

Den Abschluß bildet eine Liste der wichtigsten Metren, für die wir dankenswerterweise auf Vorarbeiten und die Beratung durch Roland Steiner zurückgreifen konnten.

Das Sanskrit-Vademecum begann mit einer von Jürgen Hanneder begonnenen Sammlung von Paradigmen, doch erst als Maximilian Mehner, der in vielen Semestern als Sanskrit-Tutor in Marburg immer wieder grammatische Hilfsmittel für den praktischen Unterricht erarbeitet hatte, sich des Projekts annahm und es erheblich erweiterte, insbesondere durch das Verbenverzeichnis, aber auch mehrere kleinere Verzeichnisse, war an eine Veröffentlichung zu denken. Der erste Probedruck wurde an eine größere Zahl von Kollegen mit der Bitte um Prüfung und Korrektur verteilt, wodurch das Vademecum sehr profitierte. Aus praktischen Gründen bedanken wir uns hier summarisch für die hilfreichen Rückmeldungen.

Am Ende stand – neben weiteren Ergänzungen – die Abstimmung mit dem in Marburg verwandten Sanskrit-Lehrbuch[3] unter tatkräftiger Hilfe des Marburger Sanskrit-Lektors und Autors Felix Otter. Für weitere Korrekturen bedanken sich die Autoren schon im Voraus bei den geneigten Lesern.

---

[1] *Peśaladevapraṇītam Samāsadarpaṇam.* Muṃbaī: Nirṇayasāgara-Mudraṇālayam 1948. [2] In erster Linie mit TUBB & BOOSE: *Scholastic Sanskrit.* New York 2007, und zuletzt auch mit MICHEL ANGOT: *Le Sanskrit Commentarial – I Les Gloses.* Paris 2017. [3] FELIX OTTER: *Grundkurs Sanskrit. Eine Einführung in die Sprache der altindischen Erzählliteratur.* Bremen 2017.

Alphabet: Nāgarī-Schrift und IAST-Transliteration

Vokale und Sonderzeichen					
Einfache V.	अ a आ ā	इ i ई ī	उ u ऊ ū	ऋ ṛ ॠ ṝ	ऌ ḷ ॡ ḹ
Diphthonge	ए e	ऐ ai	ओ o	औ au	
Sonderz.	अं aṃ	अँ ã	अः aḥ	ऽ ’	
	(Anusvāra)	(Anunāsika)	(Visarga)	(Avagraha)	

Konsonanten										
Velare	क	ka	ख	kha	ग	ga	घ	gha	ङ	ṅa
Palatale	च	ca	छ	cha	ज	ja	झ	jha	ञ	ña
Retroflexe	ट	ṭa	ठ	ṭha	ड	ḍa	ढ	ḍha	ण	ṇa
Dentale	त	ta	थ	tha	द	da	ध	dha	न	na
Labiale	प	pa	फ	pha	ब	ba	भ	bha	म	ma
Halbvokale	य	ya	र	ra	ल	la	व	va		
Sibilanten	श	śa	ष	ṣa	स	sa				
Hauchlaut	ह	ha								

Zahlzeichen																			
०	0	१	1	२	2	३	3	४	4	५	5	६	6	७	7	८	8	९	9

Vokalisierung

क	का	कि	की	कु	कू	कृ	कॄ	कॢ	कॣ	के	कै	को	कौ
ka	kā	ki	kī	ku	kū	kṛ	kṝ	kḷ	kḹ	ke	kai	ko	kau

Ausnahmen: रु ru, रू rū, ॠ rṛ, ॠ rṝ, र्ऌ rḷ, हृ hṛ, हॄ hṝ

Einige unübersichtliche Ligaturen

क्त	kta	क्त्य	ktya	क्त्र	ktra	क्त्र्य	ktrya	क्त्व	ktva
क्न्य	knya	क्म	kma	क्र्य	krya	क्ष	kṣa	ख्य	khya
ग्र्य	grya	घ्न्य	ghnya	घ्र	ghra	ङ्क्य	ṅkya	ङ्क्ष्व	ṅkṣva
ङ्ख्य	ṅkhya	ङ्ग्ध्व	ṅgdhva	ङ्घ्य	ṅghya	ङ्म	ṅma	च्च	cca
च्छ्व	cchva	छ्र	chra	ज्ञ	jña	ज्र	jra	ञ्च्य	ñcya
ञ्ज्य	ñjya	ट्ठ	ṭṭha	ट्य	ṭya	ड्घ्र	ḍghra	ड्य	ḍya
ण्ड्य	ṇḍya	ण्ण	ṇṇa	त्त	tta	त्त्व	ttva	त्थ	ttha
त्म्य	tmya	त्र	tra	द्द	dda	द्द्य	ddya	द्ध	ddha
द्ध्य	ddhya	द्भ्य	dbhya	द्म	dma	द्य	dya	ध्न्य	dhnya
न्न	nna	प्न	pna	प्र	pra	ब्ज	bja	ब्ध्व	bdhva
ब्र	bra	म्प्र	mpra	म्र	mra	र्त्स्न्य	rtsnya	ल्ह	lha
श्च्य	ścya	श्र्य	śrya	ष्ट्र्य	ṣṭrya	ष्ट्व	ṣṭva	ष्ठ	ṣṭha
ष्ण्य	ṣṇya	स्न्य	snya	स्म्य	smya	स्र	sra	ह्ण	hṇa
ह्न	hna	ह्म	hma	ह्र	hra	ह्ल	hla	ह्व	hva

Externer Sandhi: konsonantischer Auslaut

k	ṭ	t	p	ṅ	n	m	-ḥ[1]	aḥ	āḥ	Ausl. / Anl.
k	ṭ	t	p	ṅ	n	ṃ	ḥ	aḥ	āḥ	**k/kh**
g	ḍ	d	b	ṅ	n	ṃ	r	o	ā	**g/gh**
k	ṭ	c	p	ṅ	ṃś	ṃ	ś	aś	āś	**c/ch**
g	ḍ	j	b	ṅ	ñ	ṃ	r	o	ā	**j/jh**
k	ṭ	ṭ	p	ṅ	ṃṣ	ṃ	ṣ	aṣ	āṣ	**ṭ/ṭh**
g	ḍ	ḍ	b	ṅ	ṇ	ṃ	r	o	ā	**ḍ/ḍh**
k	ṭ	t	p	ṅ	ṃs	ṃ	s	as	ās	**t/th**
g	ḍ	d	b	ṅ	n	ṃ	r	o	ā	**d/dh**
k	ṭ	t	p	ṅ	n	ṃ	ḥ	aḥ	āḥ	**p/ph**
g	ḍ	d	b	ṅ	n	ṃ	r	o	ā	**b/bh**
ṅ	ṇ	n	m	ṅ	n	ṃ	r	o	ā	**n/m**
g	ḍ	d	b	ṅ	n	ṃ	r	o	ā	**y/v**
g	ḍ	d	b	ṅ	n	ṃ	–[2]	o	ā	**r**
g	ḍ	l	b	ṅ	l̃/ṃl[3]	ṃ	r	o	ā	**l**
k	ṭ	c ch	p	ṅ	ñ ś/ch	ṃ	ḥ	aḥ	āḥ	**ś**
k	ṭ	t	p	ṅ	n	ṃ	ḥ	aḥ	āḥ	**ṣ/s**
g gh	ḍ ḍh	d dh	b bh	ṅ	n	ṃ	r	o	ā	**h**
g	ḍ	d	b	ṅ/ṅṅ[4]	n/nn[4]	m	r	o ’	ā	**a**
g	ḍ	d	b	ṅ/ṅṅ[4]	n/nn[4]	m	r	a	ā	**andere Vok.**

Anmerkungen:

* Der resultierende Anlaut wird nur bei Veränderung mit angegeben.

** Ausnahmeregelungen für Visarga (*ḥ*):

a) Visarga für ursprüngliches *r* (*punar, dvār*) wird vor allen stimmhaften Lauten zu *-r* : *punar atra.*

b) Die Vokativpartikel *bhoḥ* verliert Visarga vor allen stimmhaften Lauten: *bho amara.*

c) *saḥ* und *eṣaḥ* (von *tad* und *etad*) verlieren Visarga vor allen Konsonanten, verhalten sich aber vor Vokalen regelmäßig: *sa/eṣa kaviḥ*, aber *so ’pi / eṣo ’pi.*

1 -*ḥ*: Visarga nach Nicht-ă-Vokalen.

2 -*ḥ* entfällt, wobei vorangehender Nicht-ă-Vokal gelängt wird: *punā rohati.*

3 Z. B.: *tān + labhasva = tāl̃ labhasva / tāṃl labhasva.*

4 Die Verdopplung erfolgt nur, wenn der vorangehende Vokal kurz ist: *bhavān iha*, aber *tudann iha.*

Externer Sandhi: Vokale

ā̆	ī̆	ū̆	ṛ	e	ai[2]	o	au[4]	Ausl. / Anl.
ā	y a	v a	r a	e ’	ā a	o ’	āv a	**a**
ā	y ā	v ā	r ā	a[1] ā	ā ā	a[3] ā	āv ā	**ā**
e	ī	v ī̆	r ī̆	a[1] ī̆	ā ī̆	a[3] ī̆	āv ī̆	**ī̆**
o	y ū	ū	r ū̆	a[1] ū̆	ā ū̆	a[3] ū̆	āv ū̆	**ū̆**
a r	y ṛ	v ṛ	ṝ	a[1] ṛ	ā ṛ	a[3] ṛ	āv ṛ	**ṛ**
ai	y e	v e	r e	a[1] e	ā e	a[3] e	āv e	**e**
ai	y ai	v ai	r ai	a[1] ai	ā ai	a[3] ai	āv ai	**ai**
au	y o	v o	r o	a[1] o	ā o	a[3] o	āv o	**o**
au	y au	v au	r au	a[1] au	ā au	a[3] au	āv au	**au**

Alternative Veränderungen:

1 *-e* zu *-ay* (nie vor *a-*)

2 *-ai* zu *-āy*

3 *-o* zu *-av* (nie vor *a-*)

4 *-au* zu *-ā* mit Hiatus

Ausbleiben von Sandhi (*pragṛhya*):

a) *-ī*, *-ū* und *-e* von Dualformen und von *amī* bleiben vor Vokalen unverändert: *kanye āsāte atra, cakṣuṣī ime.*

b) *-o-* von *om* und *aho*, sowie die Partikeln *ā* und *u* bleiben unverändert und gehen keine Verbindung mit anderen Vokalen ein.

Interner Sandhi: Retroflexion

- *n*, auf das Vokal oder *na*, *ma*, *ya*, *va* folgt, wird zu *ṇ*, wenn *ṛ*, *r*, *ṣ* unmittelbar vorangeht oder nur Vokal, Velar, Labial, *y*, *v*, *h*, *ṃ* dazwischen steht: Instr. Sg. von *akṣan* = *akṣṇā*; von *brahman* = *brahmaṇā*; von *rāma* (+ *ena*) = *rāmeṇa*, aber von *ratha* = *rathena*.
- *s* wird zu *ṣ* unmittelbar nach oder wenn nur durch Anusvāra oder Visarga getrennt von *k*, *r*, *l*, Nicht-ă-Vokalen, außer vor *ṛ*, *r*: Lok. Pl. von *vāc* (*vāk* + *su*) = *vākṣu*; Instr. Sg. von *havis* = *haviṣā*, Nom. Pl. = *havīṃṣi*, Lok. Pl. (+ *su*) = *haviḥṣu*/*haviṣṣu*.
- Dentale werden nach Retroflexen einschließlich *ṣ* retroflex: 3. Sg. Indik. von *īḍ* (+ *te*) = *īṭṭe*; PP von *iṣ* (+ *ta*) = *iṣṭa*.

	-a (m.)			**-a** (n.)			**-ā** (f.)		
	rāma, gata, nīla			phalam, jñānam, vanam, netram			ramā, *Ausnahme:* Vok. Sg. amba		
1	rāmaḥ	rāmau	rāmāḥ	phalam	phale	phalāni	ramā	rame	ramāḥ
2	rāmam	rāmau	rāmān	phalam	phale	phalāni	ramām	rame	ramāḥ
3	rāmeṇa	rāmābhyām	rāmaiḥ	phalena	phalābhyām	phalaiḥ	ramayā	ramābhyām	ramābhiḥ
4	rāmāya	rāmābhyām	rāmebhyaḥ	phalāya	phalābhyām	phalebhyaḥ	ramāyai	ramābhyām	ramābhyaḥ
5	rāmāt	rāmābhyām	rāmebhyaḥ	phalāt	phalābhyām	phalebhyaḥ	ramāyāḥ	ramābhyām	ramābhyaḥ
6	rāmasya	rāmayoḥ	rāmāṇām	phalasya	phalayoḥ	phalānām	ramāyāḥ	ramayoḥ	ramāṇām
7	rāme	rāmayoḥ	rāmeṣu	phale	phalayoḥ	phaleṣu	ramāyām	ramayoḥ	ramāsu
V	rāma	rāmau	rāmāḥ	phala	phale	phalāni	rame	rame	ramāḥ

	-u (m.)			**-u** (n.)			**-u** (f.)		
	guru, śambhu, viṣṇu			madhu, ambu, aśru, vastu			dhenu, iṣu, rajju, tantu		
1	guruḥ	gurū	guravaḥ	madhu	madhunī	madhūni	dhenuḥ	dhenū	dhenavaḥ
2	gurum	gurū	gurūn	madhu	madhunī	madhūni	dhenum	dhenū	dhenūḥ
3	guruṇā	gurubhyām	gurubhiḥ	madhunā	madhubhyām	madhubhiḥ	dhenvā	dhenubhyām	dhenubhiḥ
4	gurave	gurubhyām	gurubhyaḥ	madhune	madhubhyām	madhubhyaḥ	dhenave/dhenvai	dhenubhyām	dhenubhyaḥ
5	guroḥ	gurubhyām	gurubhyaḥ	madhunaḥ	madhubhyām	madhubhyaḥ	dhenoḥ/dhenvāḥ	dhenubhyām	dhenubhyaḥ
6	guroḥ	gurvoḥ	gurūṇām	madhunaḥ	madhunoḥ	madhūnām	dhenoḥ/dhenvāḥ	dhenvoḥ	dhenūnām
7	gurau	gurvoḥ	guruṣu	madhuni	madhunoḥ	madhuṣu	dhenau/dhenvām	dhenvoḥ	dhenuṣu
V	guro	gurū	guravaḥ	madhu/madho	madhunī	madhūni	dheno	dhenū	dhenavaḥ

- Feminine Adjektive von u-Stämmen werden häufig auf *-ī* gebildet: *laghu* m., *laghvī* f.

	-i (m.)			**-i** (n.)			**-i** (f.)		
	hari, kavi, vidhi, śrīpati			vāri			*primäre Stammbildung auf -ti:* mati		
1	hariḥ	harī	harayaḥ	vāri	vāriṇī	vārīṇi	matiḥ	matī	matayaḥ
2	harim	harī	harīn	vāri	vāriṇī	vārīṇi	matim	matī	matīḥ
3	hariṇā	haribhyām	haribhiḥ	vāriṇā	vāribhyām	vāribhiḥ	matyā	matibhyām	matibhiḥ
4	haraye	haribhyām	haribhyaḥ	vāriṇe	vāribhyām	vāribhyaḥ	mataye/matyai	matibhyām	matibhyaḥ
5	hareḥ	haribhyām	haribhyaḥ	vāriṇaḥ	vāribhyām	vāribhyaḥ	mateḥ/matyāḥ	matibhyām	matibhyaḥ
6	hareḥ	haryoḥ	harīṇām	vāriṇaḥ	vāriṇoḥ	vārīṇām	mateḥ/matyāḥ	matyoḥ	matīnām
7	harau	haryoḥ	hariṣu	vāriṇi	vāriṇoḥ	vāriṣu	matau/matyām	matyoḥ	matiṣu
V	hare	harī	harayaḥ	vāri/vāre	vāriṇī	vārīṇi	mate	matī	matayaḥ

	Unregelmäßige auf -i (n.)			**pati** (m.)			**sakhi** (m.)		
	dadhi, asthi, sakthi, akṣi			*aber in Komposita wie → hari*					
1	dadhi	dadhinī	dadhīni	patiḥ	patī	patayaḥ	sakhā	sakhāyau	sakhāyaḥ
2	dadhi	dadhinī	dadhīni	patim	patī	patīn	sakhāyam	sakhāyau	sakhīn
3	dadhnā	dadhibhyām	dadhibhiḥ	patyā	patibhyām	patibhiḥ	sakhyā	sakhibhyām	sakhibhiḥ
4	dadhne	dadhibhyām	dadhibhyaḥ	patye	patibhyām	patibhyaḥ	sakhye	sakhibhyām	sakhibhyaḥ
5	dadhnaḥ	dadhibhyām	dadhibhyaḥ	patyuḥ	patibhyām	patibhyaḥ	sakhyuḥ	sakhyoḥ	sakhibhyaḥ
6	dadhnaḥ	dadhnoḥ	dadhnām	patyuḥ	patyoḥ	patīnām	sakhyuḥ	sakhyoḥ	sakhīnām
7	dadhni/dadhani	dadhnoḥ	dadhiṣu	patyau	patyoḥ	patiṣu	sakhyau	sakhyoḥ	sakhiṣu
V	dadhe/dadhi	dadhinī	dadhīni	pate	patī	patayaḥ	sakhe	sakhāyau	sakhāyaḥ

Neutrale Adjektive auf -i und -u haben in folgenden Fällen Alternativformen

Dat. Sg. n.	śucine/śucaye	guruṇe/gurave			
Abl./Gen. Sg. n.	śucinaḥ/śuceḥ	guruṇaḥ/guroḥ	**Gen./Lok. Dual n.**	śucinoḥ/śucyoḥ	guruṇoḥ/gurvoḥ
Lok. Sg. n.	śucini/śucau	guruṇi/gurau			

	Mehrsilbige auf -ī (f.)			**Einsilbige auf -ī** (f.)			**strī** (f.)		
	nadī, vāṇī, sakhī, devī, dātrī			śrī, dhī, hrī					
1	nadī	nadyau	nadyaḥ	śrīḥ	śriyau	śriyaḥ	strī	striyau	striyaḥ
2	nadīm	nadyau	nadīḥ	śriyam	śriyau	śriyaḥ	striyam/strīm	striyau	striyaḥ/strīḥ
3	nadyā	nadībhyām	nadībhiḥ	śriyā	śrībhyām	śrībhiḥ	striyā	strībhyām	strībhiḥ
4	nadyai	nadībhyām	nadībhyaḥ	śriyai/śriye	śrībhyām	śrībhyaḥ	striyai	strībhyām	strībhyaḥ
5	nadyāḥ	nadībhyām	nadībhyaḥ	śriyāḥ/śriyaḥ	śrībhyām	śrībhyaḥ	striyāḥ	strībhyām	strībhyaḥ
6	nadyāḥ	nadyoḥ	nadīnām	śriyāḥ/śriyaḥ	śriyoḥ	śrīṇām/śriyām	striyāḥ	striyoḥ	strīṇām
7	nadyām	nadyoḥ	nadīṣu	śriyām/śriyi	śriyoḥ	śrīṣu	striyām	striyoḥ	strīṣu
V	nadi	nadyau	nadyaḥ	śrīḥ	śriyau	śriyaḥ	stri	striyau	striyaḥ

	Mehrsilbige auf -ū (f.)			**Einsilbige auf -ū** (f.)			**lakṣmī** (f.)		
	vadhū, camū, śvaśrū, campū			bhū			lakṣmīḥ, tarīḥ, tantrīḥ, avīḥ, starīḥ		
1	vadhūḥ	vadhvau	vadhvaḥ	bhūḥ	bhuvau	bhuvaḥ	lakṣmīḥ	lakṣmyau	lakṣmyaḥ
2	vadhūm	vadhvau	vadhūḥ	bhuvam	bhuvau	bhuvaḥ	lakṣmīm	lakṣmyau	lakṣmīḥ
3	vadhvā	vadhūbhyām	vadhūbhiḥ	bhuvā	bhūbhyām	bhūbhiḥ	lakṣmyā	lakṣmībhyām	lakṣmībhiḥ
4	vadhvai	vadhūbhyām	vadhūbhyaḥ	bhuvai/bhuve	bhūbhyām	bhūbhyaḥ	lakṣmyai	lakṣmībhyām	lakṣmībhyaḥ
5	vadhvāḥ	vadhūbhyām	vadhūbhyaḥ	bhuvāḥ/bhuvaḥ	bhūbhyām	bhūbhyaḥ	lakṣmyāḥ	lakṣmībhyām	lakṣmībhyaḥ
6	vadhvāḥ	vadhvoḥ	vadhūnām	bhuvāḥ/bhuvaḥ	bhuvoḥ	bhūnām/bhuvām	lakṣmyāḥ	lakṣmyoḥ	lakṣmīṇām
7	vadhvām	vadhvoḥ	vadhūṣu	bhuvām/bhuvi	bhuvoḥ	bhūṣu	lakṣmyām	lakṣmyoḥ	lakṣmīṣu
V	vadhu	vadhvau	vadhvaḥ	bhūḥ	bhuvau	bhuvaḥ	lakṣmi	lakṣmyau	lakṣmyaḥ

	Nomina agentis auf -tṛ (m.)			**Nomina agentis auf -tṛ** (n.)			**kroṣṭṛ/kroṣṭu** (m.)		
	dātṛ, kartṛ, naptṛ, vaktṛ			dātṛ					
1	dātā	dātārau	dātāraḥ	dātṛ	dātṛṇī	dātṝṇi	kroṣṭā	kroṣṭārau	kroṣṭāraḥ
2	dātāram	dātārau	dātṝn	dātṛ	dātṛṇī	dātṝṇi	kroṣṭāram	kroṣṭārau	kroṣṭūn
3	dātrā	dātṛbhyām	dātṛbhiḥ	dātṛṇā	dātṛbhyām	dātṛbhiḥ	kroṣṭrā/kroṣṭunā	kroṣṭubhyām	kroṣṭubhiḥ
4	dātre	dātṛbhyām	dātṛbhyaḥ	dātṛṇe	dātṛbhyām	dātṛbhyaḥ	kroṣṭre/kroṣṭave	kroṣṭubhyām	kroṣṭubhyaḥ
5	dātuḥ	dātṛbhyām	dātṛbhyaḥ	dātṛṇaḥ	dātṛbhyām	dātṛbhyaḥ	kroṣṭuḥ/kroṣṭoḥ	kroṣṭubhyām	kroṣṭubhyaḥ
6	dātuḥ	dātroḥ	dātṝṇām	dātṛṇaḥ	dātṛṇoḥ	dātṝṇām	kroṣṭuḥ/kroṣṭoḥ	kroṣṭvoḥ/kroṣṭroḥ	kroṣṭūnām
7	dātari	dātroḥ	dātṛṣu	dātṛṇi	dātṛṇoḥ	dātṛṣu	kroṣṭari/kroṣṭau	kroṣṭvoḥ/kroṣṭroḥ	kroṣṭuṣu
V	dātaḥ[1]	dātārau	dātāraḥ	dātṛ/dātaḥ[1]	dātṛṇī	dātṝṇi	kroṣṭo	kroṣṭārau	kroṣṭāraḥ

	Verwandtschaftsn. auf -tṛ (m.)			**Verwandtschaftsn. auf -tṛ** (f.)			**svasṛ** (f.)		
	pitṛ, bhrātṛ, jāmātṛ, devṛ, nṛ[2]			mātṛ, yātṛ, duhitṛ					
1	pitā	pitarau	pitaraḥ	mātā	mātarau	mātaraḥ	svasā	svasārau	svasāraḥ
2	pitaram	pitarau	pitṝn	mātaram	mātarau	mātṝḥ	svasāram	svasārau	svasṝḥ
3	pitrā	pitṛbhyām	pitṛbhiḥ	mātrā	mātṛbhyām	mātṛbhiḥ	svasrā	svasṛbhyām	svasṛbhiḥ
4	pitre	pitṛbhyām	pitṛbhyaḥ	mātre	mātṛbhyām	mātṛbhyaḥ	svasre	svasṛbhyām	svasṛbhyaḥ
5	pituḥ	pitṛbhyām	pitṛbhyaḥ	mātuḥ	mātṛbhyām	mātṛbhyaḥ	svasuḥ	svasṛbhyām	svasṛbhyaḥ
6	pituḥ	pitroḥ	pitṝṇām	mātuḥ	mātroḥ	mātṝṇām	svasuḥ	svasroḥ	svasṝṇām
7	pitari	pitroḥ	pitṛṣu	mātari	mātroḥ	mātṛṣu	svasari	svasroḥ	svasṛṣu
V	pitaḥ[1]	pitarau	pitaraḥ	mātaḥ[1]	mātarau	mātaraḥ	svasaḥ[1]	svasārau	svasāraḥ

[1] Als Pausaform von *-r*. [2] Gen. Pl.: *nṛṇām/nṝṇām*.

Diphthongische Stämme									
	rai (m.)			go (m./f.)			nau (f.)		
1	rāḥ	rāyau	rāyaḥ	gauḥ	gāvau	gāvaḥ	nauḥ	nāvau	nāvaḥ
2	rāyam	rāyau	rāyaḥ	gām	gāvau	gāḥ	nāvam	nāvau	nāvaḥ
3	rāyā	rābhyām	rābhiḥ	gavā	gobhyām	gobhiḥ	nāvā	naubhyām	naubhiḥ
4	rāye	rābhyām	rābhyaḥ	gave	gobhyām	gobhyaḥ	nāve	naubhyām	naubhyaḥ
5	rāyaḥ	rābhyām	rābhyaḥ	goḥ	gobhyām	gobhyaḥ	nāvaḥ	naubhyām	naubhyaḥ
6	rāyaḥ	rāyoḥ	rāyām	goḥ	gavoḥ	gavām	nāvaḥ	nāvoḥ	nāvām
7	rāyi	rāyoḥ	rāsu	gavi	gavoḥ	goṣu	nāvi	nāvoḥ	nauṣu
V	rāḥ	rāyau	rāyaḥ	gauḥ	gāvau	gāvaḥ	nauḥ	nāvau	nāvaḥ

	Einsilb. Hintergl. auf -ā, -ī, -ū (m./f.)						**yavakrī** (m./f.)			**-nī** (m./f.)		
	viśva-, go-, somapā, śaṅkhadhmā			śuddhadhī, pradhī, *analog:* khalapū						senānī, grāmaṇī		
1	-pāḥ	-pau	-pāḥ	-dhīḥ	-dhyau	-dhyaḥ	-krīḥ	-kriyau	-kriyaḥ	-nīḥ	-nyau	-nyaḥ
2	-pām	-pau	-paḥ	-dhyam	-dhyau	-dhyaḥ	-kriyam	-kriyau	-kriyaḥ	-nyam	-nyau	-nyaḥ
3	-pā	-pābhyām	-pābhiḥ	-dhyā	-dhībhyām	-dhībhiḥ	-kriyā	-krībhyām	-krībhiḥ	-nyā	-nībhyām	-nibhiḥ
4	-pe	-pābhyām	-pābhyaḥ	-dhyai	-dhībhyām	-dhībhyaḥ	-kriye	-krībhyām	-krībhyaḥ	-nye	-nībhyām	-nībhyaḥ
5	-paḥ	-pābhyām	-pābhyaḥ	-dhyaḥ	-dhībhyām	-dhībhyaḥ	-kriyaḥ	-krībhyām	-krībhyaḥ	-nyaḥ	-nībhyām	-nībhyaḥ
6	-paḥ	-poḥ	-pām	-dhyaḥ	-dhībhyām	-dhyām	-kriyaḥ	-kriyoḥ	-kriyām	-nyaḥ	-nyoḥ	-nyām
7	-pi	-poḥ	-pāsu	-dhyi	-dhyoḥ	-dhīṣu	-kriyi	-kriyoḥ	-krīṣu	-nyām	-nyoḥ	-nīṣu
V	-pāḥ	-pau	-pāḥ	-dhīḥ	-dhyau	-dhyaḥ	-krīḥ	-kriyau	-kriyaḥ	-nīḥ	-nyau	-nyaḥ

	sudhī (m./f.)			**subhrū** (m./f.)		
	m. jeweils nur die erste, f. beide der Alternativformen					
1	sudhīḥ	sudhiyau	sudhiyaḥ	subhrūḥ	subhruvau	subhruvaḥ
2	sudhiyam	sudhiyau	sudhiyaḥ	subhruvam	subhruvau	subhruvaḥ
3	sudhiyā	sudhībhyām	sudhībhiḥ	subhruvā	subhrūbhyām	subhrūbhiḥ
4	sudhiye/sudhiyai	sudhībhyām	sudhībhyaḥ	subhruve/subhruvai	subhrūbhyām	subhrūbhyaḥ
5	sudhiyaḥ/sudhiyāḥ	sudhībhyām	sudhībhyaḥ	subhruvaḥ/subhruvāḥ	subhrūbhyām	subhrūbhyaḥ
6	sudhiyaḥ/sudhiyāḥ	sudhiyoḥ	sudhiyām/sudhīnām	subhruvaḥ/subhruvāḥ	subhruvoḥ	subhruvām/subhrūṇām
7	sudhiyi/sudhiyām	sudhiyoḥ	sudhīṣu	subhruvi/subhruvām	subhruvoḥ	subhrūṣu
V	sudhīḥ	sudhiyau	sudhiyaḥ	subhrūḥ	subhruvau	subhruvaḥ

Einstämmige auf -j

	sraj (f.), ṛtvij (m.), ruj (f.)			samrāj (m.), parivrāj (m.)		
1	srak	srajau	srajaḥ	samrāṭ	samrājau	samrājaḥ
2	srajam	srajau	srajaḥ	samrājam	samrājau	samrājaḥ
3	srajā	sragbhyām	sragbhiḥ	samrājā	samrāḍbhyām	samrāḍbhiḥ
4	sraje	sragbhyām	sragbhyaḥ	samrāje	samrāḍbhyām	samrāḍbhyaḥ
5	srajaḥ	sragbhyām	sragbhyaḥ	samrājaḥ	samrāḍbhyām	samrāḍbhyaḥ
6	srajaḥ	srajoḥ	srajām	samrājaḥ	samrājoḥ	samrājām
7	sraji	srajoḥ	srakṣu	samrāji	samrājoḥ	samrāṭsu
V	srak	srajau	srajaḥ	samrāṭ	samrājau	samrājaḥ

Analog flektierende konsonantische Stämme

	Maskulina und Feminina				*Neutra Nom./Akk./Vok.*		
Stamm	*Nom./Vok.*	*Akk. Sg.*	*Instr.*	*Lok. Pl.*	*Sg.*	*Du.*	*Pl.*
-k →	**śak**	**śakam**	**śagbhiḥ**	**śakṣu**	**śak**	**śakī**	**śaṅki**
-c →	**vāc**	**vācam**	**vāgbhiḥ**	**vākṣu**	**vāk**	**vācī**	**vāñci**
-ch →	**prāṭ**	**prāccham**	**prāḍbhiḥ**	**prāṭsu**	**prāṭ**	**prācchī**	**prāñchi**
-j →	**-k/-ṭ**	**-jam**	**-gbhiḥ/-ḍbhiḥ**	**-kṣu/-ṭ(t)su**	**-k/-ṭ**	**-jī**	**-ñji**
bhuj	bhuk	bhujam	bhugbhiḥ	bhukṣu	bhuk	bhujī	bhuñji
sṛj	sṛṭ	sṛjam	sṛḍbhiḥ	sṛṭ(t)ṣu	sṛṭ	sṛjī	sṛñji
-ṇ →	**gaṇ**	**gaṇam**	**gaṇbhiḥ**	**gaṇsu/gaṇṭsu**	**gaṇ**	**gaṇī**	**gaṇi**
-t →	**jit**	**jitam**	**jidbhiḥ**	**jitsu**	**jit**	**jitī**	**jinti**
-th →	**mat**	**matham**	**madbhiḥ**	**matsu**	**mat**	**mathī**	**manthi**
-d →	**nut**	**nudam**	**nudbhiḥ**	**nutsu**	**nut**	**nudī**	**nundi**
-dh →	**-t**	**-dham**	**-dbhiḥ**	**-tsu**	**-t**	**-dhī**	**-ndhi**
yudh	yut	yudham	yudbhiḥ	yutsu	yut	yudhī	yundhi
budh	bhut	budham	bhudbhiḥ	bhutsu	bhut	budhī	bundhi
-bh →	**kṣup**	**kṣubham**	**kṣubbhiḥ**	**kṣupsu**	**kṣup**	**kṣubhī**	**kṣumbhi**
-ś →	**-ṭ/k**	**-śam**	**-ḍbhiḥ/gbhiḥ**	**-ṭ(t)su/-kṣu**	**-ṭ/-k**	**-śī**	**-ṃśi**
viś	viṭ	viśam	viḍbhiḥ	viṭ(t)su	viṭ	viśī	viṃśi
prāś	prāṭ	prāśam	prāḍbhiḥ	prāṭ(t)su	prāṭ	prāśī	prāṃśi
dṛś	dṛk	dṛśam	dṛgbhiḥ	dṛkṣu	dṛk	dṛśī	dṛṃśi
naś	naṭ/nak	naśam	naḍbhiḥ/nagbhiḥ	naṭ(t)su/nakṣu	naṭ/nak	naśī	naṃśi
-ṣ →	**-ṭ/k**	**-ṣam**	**-ḍbhiḥ/gbhiḥ**	**-ṭ(t)su/-kṣu**	**-ṭ/-k**	**-ṣī**	**-ṃṣi**
dviṣ	dviṭ	dviṣam	dviḍbhiḥ	dviṭ(t)su	dviṭ	dviṣī	dviṃṣi
dadhṛṣ	dadhṛk	dadhṛṣam	dadhṛgbhiḥ	dadhṛkṣu	dadhṛk	dadhṛṣī	dadhṛṃṣi
-h →	**-ṭ/k**	**-ham**	**-ḍbhiḥ/gbhiḥ**	**-ṭ(t)su/-kṣu**	**-ṭ/-k**	**-hī**	**-ṃhi**
guh	ghuṭ	guham	ghuḍbhiḥ	ghuṭ(t)su	ghuṭ	guhī	guṃhi
duh	dhuk	duham	dhugbhiḥ	dhukṣu	dhuk	duhī	duṃhi
druh	dhruṭ/ dhruk	druham	dhruḍbhiḥ/ dhrugbhiḥ	dhruṭ(t)su/ dhrukṣu	dhruṭ/ dhruk	druhī	druṃhi
upānah	upānat	upānaham	upānadbhiḥ	upānatsu (f.)			

* Die Wurzelnomina werden, hier als Adjektive (meist nur in komponierter Form belegt: *uṣar-budh*, etc.) verstanden, in allen Genera flektiert.
Alleinstehend sind davon im Gebrauch: *dṛś* (f.), *dviṣ* (m./f.), *vāc* (f.), *viś* (m./f.).

Weitere einstämmig-konsonantische Vokabeln

āpad (f.), dṛśad (f.), vipad (f.), śarad (f.), suhṛd (m.) flektieren wie → *nud*,
kakubh (f.) flektiert wie → *kṣubh*,
jagat (n.), marut (m.), harit (adj.) flektieren wie → *jit*,
tviṣ (f.) flektiert wie → *dviṣ*,
bhiṣaj (m.) flektiert wie → *bhuj*,
samidh (f.) flektiert wie → *yudh*.

	āśis (f.) *analog:* sajus			**gir** (f.)			**pur** (f.)			**vār** (n.)		
1	āśīḥ	āśiṣau	āśiṣaḥ	gīḥ	girau	giraḥ	pūḥ	purau	puraḥ	vāḥ	vārī	vāri
2	āśiṣam	āśiṣau	āśiṣaḥ	giram	girau	giraḥ	puram	purau	puraḥ	vāḥ	vārī	vāri
3	āśiṣā	āśīrbhyām	āśīrbhyaḥ	girā	gīrbhyām	gīrbhiḥ	purā	pūrbhyām	pūrbhiḥ	vārā	vārbhyām	vārbhiḥ
4	āśiṣe	āśīrbhyām	āśīrbhyaḥ	gire	gīrbhyām	gīrbhyaḥ	pure	pūrbhyām	pūrbhyaḥ	vāre	vārbhyām	vārbhyaḥ
5	āśiṣaḥ	āśīrbhyām	āśīrbhyaḥ	giraḥ	gīrbhyām	gīrbhyaḥ	puraḥ	pūrbhyām	pūrbhyaḥ	vāraḥ	vārbhyām	vārbhyaḥ
6	āśiṣaḥ	āśiṣoḥ	āśiṣām	giraḥ	giroḥ	girām	puraḥ	puroḥ	purām	vāraḥ	vāroḥ	vārām
7	āśiṣi	āśiṣoḥ	āśīḥṣu/āśiṣṣu	giri	giroḥ	gīrṣu	puri	puroḥ	pūrṣu	vāri	vāroḥ	vārṣu
V	āśīḥ	āśiṣau	āśiṣaḥ	gīḥ	girau	giraḥ	pūḥ	purau	puraḥ	vāḥ	vārau	vāri

	-as (n.) manas, payas			**-as** (m./f.) sumanas, apsaras, candramas			**-is/-us** (n.) havis, jyotis, *analog:* cakṣus, yajus		
1	manaḥ	manasī	manāṃsi	sumanāḥ	sumanasau	sumanasaḥ	haviḥ	haviṣī	havīṃṣi
2	manaḥ	manasī	manāṃsi	sumanasam	sumanasau	sumanasaḥ	haviḥ	haviṣī	havīṃṣi
3	manasā	manobhyām	manobhiḥ	sumanasā	sumanobhyām	sumanobhiḥ	haviṣā	havirbhyām	havirbhiḥ
4	manase	manobhyām	manobhyaḥ	sumanase	sumanobhyām	sumanobhyaḥ	haviṣe	havirbhyām	havirbhyaḥ
5	manasaḥ	manobhyām	manobhyaḥ	sumanasaḥ	sumanobhyām	sumanobhyaḥ	haviṣaḥ	havirbhyām	havirbhyaḥ
6	manasaḥ	manasoḥ	manasām	sumanasaḥ	sumanasoḥ	sumanasām	haviṣaḥ	haviṣoḥ	haviṣām
7	manasi	manasoḥ	manaḥsu/-ssu	sumanasi	sumanasoḥ	sumanaḥsu/-ssu	haviṣi	haviṣoḥ	haviḥṣu/-ṣṣu
V	manaḥ	manasī	manāṃsi	sumanaḥ	sumanasau	sumanasaḥ	haviḥ	haviṣī	havīṃṣi

Präsenspartizipien auf -a(n)t

	sant (m.)			*Reduplizierte Stämme:* dadat (m.)		
1	san	santau	santaḥ	dadat	dadatau	dadataḥ
2	santam	santau	sataḥ	dadatam	dadatau	dadataḥ
3	satā	sadbhyām	sadbhiḥ	dadatā	dadadbhyām	dadadbhiḥ
4	sate	sadbhyām	sadbhyaḥ	dadate	dadadbhyām	dadadbhyaḥ
5	sataḥ	sadbhyām	sadbhyaḥ	dadataḥ	dadadbhyām	dadadbhyaḥ
6	sataḥ	satoḥ	satām	dadataḥ	dadatoḥ	dadatām
7	sati	satoḥ	satsu	dadati	dadatoḥ	dadatsu
V	san	santau	santaḥ	dadat	dadatau	dadantaḥ

- *Neutr. Nom./Akk./Vok.:* sat satī santi | dadat dadatī dadanti/dadati; *Fem.:* satī | dadatī (→ *nadī*)

Regeln für das Präsenspartizip:

- Part. Präs. d. reduplizierenden (d.h.: 3. Klasse sowie *jakṣat, jāgrat, daridrat, cakāsat, śāsat*) wie → *dadat.*
- Regeln für den Einschub von *n* beim Präsenspartizip im Nom./Akk./Vok. Dual Neutrum und bei der Femininbildung:
  a) Die 1., 4. u. 10. Klasse, Kausative, Desiderative und Denominative schieben *n* ein: *bodhantī, dīvyantī, corayantī*, etc.
  b) Die 6. Klasse, Futur und Verben der 2. Klasse auf ā schieben *n* fakultativ ein: *tudatī* oder *tudantī*; *yātī* oder *yāntī.*
  c) Die übrigen athematischen Klassen schieben kein *n* im Neutrum Dual ein: *kurvatī, dadatī.*
- Vgl.: *bhavān* »Sie«, aber *bhavan* »seiend« (Nom. m.); *bhavatī* »die Dame«, *bhavantī »seiende«* (Nom. f.).

	bhavant (m.) *»Sie«*			**mahant** (m.)		
1	bhavān	bhavantau	bhavantaḥ	mahān	mahāntau	mahāntaḥ
2	bhavantam	bhavantau	bhavataḥ	mahāntam	mahāntau	mahataḥ
3	bhavatā	bhavadbhyām	bhavadbhiḥ	mahatā	mahadbhyām	mahadbhiḥ
4	bhavate	bhavadbhyām	bhavadbhyaḥ	mahate	mahadbhyām	mahadbhyaḥ
5	bhavataḥ	bhavadbhyām	bhavadbhyaḥ	mahataḥ	mahadbhyām	mahadbhyaḥ
6	bhavataḥ	bhavatoḥ	bhavatām	mahataḥ	mahatoḥ	mahatām
7	bhavati	bhavatoḥ	bhavatsu	mahati	mahatoḥ	mahatsu
V	bhavan	bhavantau	bhavantaḥ	mahan	mahāntau	mahāntaḥ

- *Neutr. Nom./Akk./Vok.:* mahat mahatī mahānti; *Fem.:* bhavatī | mahatī (→ *nadī*)

	-an, -man, -van (m.)						**śvan** (m.)			**maghavan**
	rājan, sīman (f.!), laghiman			ātman, brahman (m.!), adhvan			*Fem.:* śunī (⟶ *nadī*)			(m.)
1	rājā	rājānau	rājānaḥ	ātmā	ātmānau	ātmānaḥ	śvā	śvānau	śvānaḥ	maghavā
2	rājānam	rājānau	rājñaḥ	ātmānam	ātmānau	ātmanaḥ	śvānam	śvānau	śunaḥ	maghavānam
3	rājñā	rājabhyām	rājabhiḥ	ātmanā	ātmabhyām	ātmabhiḥ	śunā	śvabhyām	śvabhiḥ	maghonā
4	rājñe	rājabhyām	rājabhyaḥ	ātmane	ātmabhyām	ātmabhyaḥ	śune	śvabhyām	śvabhyaḥ	maghone
5	rājñaḥ	rājabhyām	rājabhyaḥ	ātmanaḥ	ātmabhyām	ātmabhyaḥ	śunaḥ	śvabhyām	śvabhyaḥ	maghonaḥ
6	rājñaḥ	rājñoḥ	rājñām	ātmanaḥ	ātmanoḥ	ātmanām	śunaḥ	śunoḥ	śunām	maghonaḥ
7	rājñi/rājani	rājñoḥ	rājasu	ātmani	ātmanoḥ	ātmasu	śuni	śunoḥ	śvasu	maghoni
V	rājan	rājānau	rājānaḥ	ātman	ātmānau	ātmānaḥ	śvan	śvānau	śvānaḥ	maghavan

	yuvan (m.)			**-an, -man, -van** (n.)					
				nāman, dhāman, vyoman, loman, preman			brahman, karman, parvan, veśman, sadman		
1	yuvā	yuvānau	yuvānaḥ	nāma	nāmnī/nāmanī	nāmāni	brahma	brahmaṇī	brahmāṇi
2	yuvānam	yuvānau	yūnaḥ	nāma	nāmnī/nāmanī	nāmāni	brahma	brahmaṇī	brahmāṇi
3	yūnā	yuvabhyām	yuvabhiḥ	nāmnā	nāmabhyām	nāmabhiḥ	brahmaṇā	brahmabhyām	brahmabhiḥ
4	yūne	yuvabhyām	yuvabhyaḥ	nāmne	nāmabhyām	nāmabhyaḥ	brahmaṇe	brahmabhyām	brahmabhyaḥ
5	yūnaḥ	yuvabhyām	yuvabhyaḥ	nāmnaḥ	nāmabhyām	nāmabhyaḥ	brahmaṇaḥ	brahmabhyām	brahmabhyaḥ
6	yūnaḥ	yūnoḥ	yūnām	nāmnaḥ	nāmnoḥ	nāmnām	brahmaṇaḥ	brahmaṇoḥ	brahmaṇām
7	yūni	yūnoḥ	yuvasu	nāmni	nāmnoḥ	nāmasu	brahmaṇi	brahmaṇoḥ	brahmasu
V	yuvan	yuvānau	yuvānāḥ	nāma/nāman	nāmnī/nāmanī	nāmāni	brahman/brahma	brahmaṇī	brahmāṇi

- *Neutr. Nom./Akk./Vok.:* yuva yūnī yuvān;
  Fem.: yuvati (⟶ *mati*)

	Possessiva auf -mat/-vat (m.)			**Possessiva auf -in** (m.)			**Possessiva auf -in** (n.)		
	dhīmat, śrutimat, bhagavat			karin, yogin, śaśin			balin, guṇin, kārin		
1	dhīmān	dhīmantau	dhīmantaḥ	karī	kariṇau	kariṇaḥ	bali	balinī	balīni
2	dhīmantam	dhīmantau	dhīmataḥ	kariṇam	kariṇau	kariṇaḥ	bali	balinī	balīni
3	dhīmatā	dhīmadbhyām	dhīmadbhiḥ	kariṇā	karibhyām	karibhiḥ	balinā	balibhyām	balibhiḥ
4	dhīmate	dhīmadbhyām	dhīmadbhyaḥ	kariṇe	karibhyām	karibhyaḥ	baline	balibhyām	balibhyaḥ
5	dhīmataḥ	dhīmadbhyām	dhīmadbhyaḥ	kariṇaḥ	karibhyām	karibhyaḥ	balinaḥ	balibhyām	balibhyaḥ
6	dhīmataḥ	dhīmatoḥ	dhīmatām	kariṇaḥ	kariṇoḥ	kariṇām	balinaḥ	balinoḥ	balinām
7	dhīmati	dhīmatoḥ	dhīmatsu	kariṇi	kariṇoḥ	kariṣu	balini	balinoḥ	baliṣu
V	dhīman	dhīmantau	dhīmantaḥ	karin	kariṇau	kariṇaḥ	bali	balinī	balīni

- *Neutr. Nom./Akk./Vok.:* dhīmat dhīmatī dhīmanti;
  Fem.: dhīmatī | kariṇī (→ *nadī*)
- Wie *dhīmat* flektieren die aktivischen PP (z. B. *kṛtavat*), sowie: *yāvat, tāvat, kiyat, iyat.*

	Part. Perf. Akt. auf -vas (m.)			**Komparative auf -(ī)yas** (m.)		
	vidvas, śuśruvas			śreyas, garīyas		
1	vidvān	vidvāṃsau	vidvāṃsaḥ	śreyān	śreyāṃsau	śreyāṃsaḥ
2	vidvāṃsam	vidvāṃsau	viduṣaḥ	śreyāṃsam	śreyāṃsau	śreyasaḥ
3	viduṣā	vidvadbhyām	vidvadbhiḥ	śreyasā	śreyobhyām	śreyobhiḥ
4	viduṣe	vidvadbhyām	vidvadbhyaḥ	śreyase	śreyobhyām	śreyobhyaḥ
5	viduṣaḥ	vidvadbhyām	vidvadbhyaḥ	śreyasaḥ	śreyobhyām	śreyobhyaḥ
6	viduṣaḥ	viduṣoḥ	viduṣām	śreyasaḥ	śreyasoḥ	śreyasām
7	viduṣi	viduṣoḥ	vidvatsu	śreyasi	śreyasoḥ	śreyaḥsu/-ssu
V	vidvan	vidvāṃsau	vidvāṃsaḥ	śreyan	śreyāṃsau	śreyāṃsaḥ

- *Neutr. Nom./Akk./Vok.:* vidvat viduṣī vidvāṃsi | śreyaḥ śreyasī śreyāṃsi;
  Fem.: viduṣī | śreyasī (→ *nadī*)

Mehrstämmige auf -a(ñ)c (m.)

	pratyañc, samyañc, nyañc			udañc			prāñc, avāñc		
1	pratyaṅ	pratyañcau	pratyañcaḥ	udaṅ	udañcau	udañcaḥ	prāṅ	prāñcau	prāñcaḥ
2	pratyañcam	pratyañcau	pratīcaḥ	udañcam	udañcau	udīcaḥ	prāñcam	prāñcau	prācaḥ
3	pratīcā	pratyagbhyām	pratyagbhiḥ	udīcā	udagbhyām	udagbhiḥ	prācā	prāgbhyām	prāgbhiḥ
4	pratīce	pratyagbhyām	pratyagbhyaḥ	udīce	udagbhyām	udagbhyaḥ	prāce	prāgbhyām	prāgbhyaḥ
5	pratīcaḥ	pratyagbhyām	pratyagbhyaḥ	udīcaḥ	udagbhyām	udagbhyaḥ	prācaḥ	prāgbhyām	prāgbhyaḥ
6	pratīcaḥ	pratīcoḥ	pratīcām	udīcaḥ	udīcoḥ	udīcām	prācaḥ	prācoḥ	prācām
7	pratīci	pratīcoḥ	pratyakṣu	udīci	udīcoḥ	udakṣu	prāci	prācoḥ	prākṣu
V	pratyaṅ	pratyañcau	pratyañcaḥ	udaṅ	udañcau	udañcaḥ	prāṅ	prāñcau	prāñcaḥ

- *Neutr. Nom./Akk./Vok.:* pratyak pratīcī pratyañci | udak udīcī udañci | prāk prācī prāñci;
  Fem.: pratīcī | udīcī | prācī (→ *nadī*)

Mehrstämmige auf -a(ñ)c (m.)

	tiryañc			anvañc		
1	tiryaṅ	tiryañcau	tiryañcaḥ	anvaṅ	anvañcau	anvañcaḥ
2	tiryañcam	tiryañcau	tiraścaḥ	anvañcam	anvañcau	anūcaḥ
3	tiraścā	tiryagbhyām	tiryagbhiḥ	anūcā	anvagbhyām	anvagbhiḥ
4	tiraśce	tiryagbhyām	tiryagbhyaḥ	anūce	anvagbhyām	anvagbhyaḥ
5	tiraścaḥ	tiryagbhyām	tiryagbhyaḥ	anūcaḥ	anvagbhyām	anvagbhyaḥ
6	tiraścaḥ	tiraścoḥ	tiraścām	anūcaḥ	anūcoḥ	anūcām
7	tiraści	tiraścoḥ	tiryakṣu	anūci	anūcoḥ	anvakṣu
V	tiryaṅ	tiryañcau	tiryañcaḥ	anvaṅ	anvañcau	anvañcaḥ

- *Neutr. Nom./Akk./Vok.:* tiryak tiraścī tiryañci | anvak anūcī anvañci;
  Fem.: tiraścī | anūcī (→ *nadī*).

	dos/doṣan (n., selten m.)			**div** (f.)			**path/pathin/panthan** (m.)		
1	doḥ (n./m.)	doṣī, doṣau	domṣi, doṣaḥ	dyauḥ	divau	divaḥ	panthāḥ	panthānau	panthānaḥ
2	doḥ (n.), doṣam (m.)	doṣī, doṣau	domṣi, doṣaḥ/doṣṇaḥ	divam	divau	divaḥ	panthānam	panthānau	pathaḥ
3	doṣā/doṣṇā	dorbhyām/doṣabhyām	dorbhiḥ/doṣabhiḥ	divā	dyubhyām	dyubhiḥ	pathā	pathibhyām	pathibhiḥ
4	doṣe/doṣṇe	dorbhyām/doṣabhyām	dorbhyaḥ/doṣabhyaḥ	dive	dyubhyām	dyubhyaḥ	pathe	pathibhyām	pathibhyaḥ
5	doṣaḥ/doṣṇaḥ	dorbhyām/doṣabhyām	dorbhyaḥ/doṣabhyaḥ	divaḥ	dyubhyām	dyubhyaḥ	pathaḥ	pathibhyām	pathibhyaḥ
6	doṣaḥ/doṣṇaḥ	doṣoḥ/doṣṇoḥ	doṣām/doṣṇām	divaḥ	divoḥ	divām	pathaḥ	pathoḥ	pathām
7	doṣi/doṣṇi/doṣaṇi	doṣoḥ/doṣṇoḥ	dohṣu/doṣṣu/doṣasu	divi	divoḥ	dyuṣu	pathi	pathoḥ	pathiṣu
V	doḥ	doṣī, doṣau	domṣi, doṣaḥ	dyauḥ	divau	divaḥ	panthāḥ	panthānau	panthānaḥ

	puṃs (m.)			**-pād** (m./f.) *Fem. auch:* -padī (→ *nadī*)			**jarā/jaras** (f.)		
1	pumān	pumāṃsau	pumāṃsaḥ	supāt	supādau	supādaḥ	jarā	jare/jarasau	jarāḥ/jarasaḥ
2	pumāṃsam	pumāṃsau	puṃsaḥ	supādam	supādau	supadaḥ	jarām/jarasam	jare/jarasau	jarāḥ/jarasaḥ
3	puṃsā	pumbhyam	pumbhiḥ	supadā	supādbhyām	supādbhiḥ	jarayā/jarasā	jarābhyām	jarābhiḥ
4	puṃse	pumbhyam	pumbhyaḥ	supade	supādbhyām	supādbhyaḥ	jarayai/jarase	jarābhyām	jarābhyaḥ
5	puṃsaḥ	pumbhyām	pumbhyaḥ	supadaḥ	supādbhyām	supādbhyaḥ	jarāyāḥ/jarasaḥ	jarābhyām	jarābhyaḥ
6	puṃsaḥ	puṃsoḥ	puṃsām	supadaḥ	supadoḥ	supadām	jarāyāḥ/jarasaḥ	jarayoḥ/jarasoḥ	jarāṇām/jarasām
7	puṃsi	puṃsoḥ	puṃsu	supadi	supadoḥ	supātsu	jarāyām/jarasi	jarayoḥ/jarasoḥ	jarāsu
V	pumān	pumāṃsau	pumāṃsaḥ	supāt	supādau	supādaḥ	jare	jare/jarasau	jarāḥ/jarasaḥ

anaḍuh (m.) *anaḍvān, anaḍvāham, anaḍuhā, anaḍuhaḥ* (Abl./Gen. Sg.), *anaḍuhi, anaḍvan; anaḍvāhau* (Nom./Akk./Vok. Dual), *anaḍudbhyām* (Instr./Dat./Abl. Dual), *anaḍuhoḥ* (Gen./Lok. Dual); *anaḍvāhaḥ* (Nom./Vok. Pl.), *anaḍuhaḥ, anaḍudbhiḥ, anaḍudbhyaḥ* (Dat./Abl. Pl.), *anaḍuhām, anaḍutsu.*

ap (f.) nur Pl.: *āpaḥ, apaḥ, adbhiḥ, adbhyaḥ, adbhyaḥ, adbhyaḥ, apām, apsu, āpaḥ.*

pāda (m.), hṛdaya (n.) wie → *rāma* und → *phala,* Alternativformen, außer Nom. Sg., Dual, Pl. und Akk. Dual, von *pad* und *hṛd* (wie → *nud*).

punarbhū (f.) wie → *vadhū,* außer Akk. Sg. *punarbhvam*; Akk. Pl. *punarbhvaḥ*; Gen. Pl. *punarbhūṇām.*

vātapramī (m./f.) wie → *śuddhadhī,* außer Akk. Pl. *vātapramīn*; ebenso: **yayī, papī**.

svayaṃbhū (m.) wie → *khalapū,* nur *-uv-* statt *-v-* vor vokalischen Endungen: *svayaṃbhūḥ, svayaṃbhuvam, svayaṃbhuvā* etc.

	tad (m.)			**tad** (n.)			**tad** (f.)		
1	saḥ	tau	te	tat	te	tāni	sā	te	tāḥ
2	tam	tau	tān	tat	te	tāni	tām	te	tāḥ
3	tena	tābhyām	taiḥ	tena	tābhyām	taiḥ	tayā	tābhyām	tābhiḥ
4	tasmai	tābhyām	tebhyaḥ	tasmai	tābhyām	tebhyaḥ	tasyai	tābhyām	tābhyaḥ
5	tasmāt	tābhyām	tebhyaḥ	tasmāt	tābhyām	tebhyaḥ	tasyāḥ	tābhyām	tābhyaḥ
6	tasya	tayoḥ	teṣām	tasya	tayoḥ	teṣām	tasyāḥ	tayoḥ	tāsām
7	tasmin	tayoḥ	teṣu	tasmin	tayoḥ	teṣu	tasyām	tayoḥ	tāsu

	etad (m.)			**etad** (n.)			**etad** (f.)		
1	eṣaḥ	etau	ete	etat/enat	ete	etāni	eṣā	ete	etāḥ
2	etam/enam	etau/enau	etān/enān	etat/enat	ete/ene	etāni/enāni	etām/enām	ete/ene	etāḥ/enāḥ
3	etena/enena	etābhyām	etaiḥ	etena/enena	etābhyām	etaiḥ	etayā/enayā	etābhyām	etaiḥ
4	etasmai	etābhyām	etebhyaḥ	etasmai	etābhyām	etebhyaḥ	etasyai	etābhyām	etābhyaḥ
5	etasmāt	etābhyām	etebhyaḥ	etasmāt	etābhyām	etebhyaḥ	etasyāḥ	etābhyām	etābhyaḥ
6	etasya	etayoḥ/enayoḥ	eteṣām	etasya	etayoḥ/enayoḥ	eteṣām	etasyāḥ	etayoḥ/enayoḥ	etāsām
7	etasmin	etayoḥ/enayoḥ	eteṣu	etasmin	etayoḥ/enayoḥ	eteṣu	etasyām	etayoḥ/enayoḥ	etāsu

	yad (m.)			**yad** (n.)			**yad** (f.)		
1	yaḥ	yau	ye	yat	ye	yāni	yā	ye	yāḥ
2	yam	yau	yān	yat	ye	yāni	yām	ye	yāḥ
3	yena	yābhyām	yaiḥ	yena	yābhyām	yaiḥ	yayā	yābhyām	yābhiḥ
4	yasmai	yābhyām	yebhyaḥ	yasmai	yābhyām	yebhyaḥ	yasyai	yābhyām	yābhyaḥ
5	yasmāt	yābhyām	yebhyaḥ	yasmāt	yābhyām	yebhyaḥ	yasyāḥ	yābhyām	yābhyaḥ
6	yasya	yayoḥ	yeṣām	yasya	yayoḥ	yeṣām	yasyāḥ	yayoḥ	yāsām
7	yasmin	yayoḥ	yeṣu	yasmin	yayoḥ	yeṣu	yasyām	yayoḥ	yāsu

	kim (m.)			**kim** (n.)			**kim** (f.)		
1	kaḥ	kau	ke	kim	ke	kāni	kā	ke	kāḥ
2	kam	kau	kān	kim	ke	kāni	kām	ke	kāḥ
3	kena	kābhyām	kaiḥ	kena	kābhyām	kaiḥ	kayā	kābhyām	kābhiḥ
4	kasmai	kābhyām	kebhyaḥ	kasmai	kābhyām	kebhyaḥ	kasyai	kābhyām	kābhyāḥ
5	kasmāt	kābhyām	kebhyaḥ	kasmāt	kābhyām	kebhyaḥ	kasyāḥ	kābhyām	kābhyāḥ
6	kasya	kayoḥ	keṣām	kasya	kayoḥ	keṣām	kasyāḥ	kayoḥ	kāsām
7	kasmin	kayoḥ	keṣu	kasmin	kayoḥ	keṣu	kasyām	kayoḥ	kāsu

	idam (m.)			**idam** (n.)			**idam** (f.)		
1	ayam	imau	ime	idam	ime	imāni	iyam	ime	imāḥ
2	imam	imau	imān	idam	ime	imāni	imām	ime	imāḥ
3	anena	ābhyām	ebhiḥ	anena	ābhyām	ebhiḥ	anayā	ābhyām	ābhiḥ
4	asmai	ābhyām	ebhyaḥ	asmai	ābhyām	ebhyaḥ	asyai	ābhyām	ābhyaḥ
5	asmāt	ābhyām	ebhyaḥ	asmāt	ābhyām	ebhyaḥ	asyāḥ	ābhyām	ābhyāḥ
6	asya	anayoḥ	eṣām	asya	anayoḥ	eṣām	asyāḥ	anayoḥ	āsām
7	asmin	anayoḥ	eṣu	asmin	anayoḥ	eṣu	asyām	anayoḥ	āsu

	adas (m.)			**adas** (n.)			**adas** (f.)		
1	asau	amū	amī	adaḥ	amū	amūni	asau	amū	amūḥ
2	amum	amū	amūn	adaḥ	amū	amūni	amūm	amū	amūḥ
3	amunā	amūbhyām	amībhiḥ	amunā	amūbhyām	amībhiḥ	amuyā	amūbhyām	amūbhiḥ
4	amuṣmai	amūbhyām	amībhyaḥ	amuṣmai	amūbhyām	amībhyaḥ	amuṣyai	amūbhyām	amūbhyaḥ
5	amuṣmāt	amūbhyām	amībhyaḥ	amuṣmāt	amūbhyām	amībhyaḥ	amuṣyāḥ	amūbhyām	amūbhyaḥ
6	amuṣya	amuyoḥ	amīṣām	amuṣya	amuyoḥ	amīṣām	amuṣyāḥ	amuyoḥ	amūṣām
7	amuṣmin	amuyoḥ	amīṣu	amuṣmin	amuyoḥ	amīṣu	amuṣyām	amuyoḥ	amūṣu

	asmad (m./f./n.)			**yuṣmad** (m./f./n.)		
1	aham	āvām	vayam	tvam	yuvām	yūyam
2	mām/mā	āvām/nau	asmān/naḥ	tvām/tvā	yuvām/vām	yuṣmān/vaḥ
3	mayā	āvābhyām	asmābhiḥ	tvayā	yuvābhyām	yuṣmābhiḥ
4	mahyam/me	āvābhyām/nau	asmabhyam/naḥ	tubhyam/te	yuvābhyām/vām	yuṣmabhyam/vaḥ
5	mat/mattaḥ	āvābhyām	asmat	tvat/tvattaḥ	yuvābhyām	yuṣmat
6	mama/me	āvayoḥ/nau	asmākam/naḥ	tava/te	yuvayoḥ/vām	yuṣmākam/vaḥ
7	mayi	āvayoḥ	asmāsu	tvayi	yuvayoḥ	yuṣmāsu

Pronominaladjektive

	sarva (m.)			**sarva** (n.)			**sarva** (f.)		
1	sarvaḥ	sarvau	sarve	sarvam	sarve	sarvāṇi	sarvā	sarve	sarvāḥ
2	sarvam	sarvau	sarvān	sarvam	sarve	sarvāṇi	sarvām	sarve	sarvāḥ
3	sarveṇa	sarvābhyām	sarvaiḥ	sarveṇa	sarvābhyām	sarvaiḥ	sarvayā	sarvābhyām	sarvābhiḥ
4	sarvasmai	sarvābhyām	sarvebhyaḥ	sarvasmai	sarvābhyām	sarvebhyaḥ	sarvasyai	sarvābhyām	sarvābhyaḥ
5	sarvasmāt	sarvābhyām	sarvebhyaḥ	sarvasmāt	sarvābhyām	sarvebhyaḥ	sarvasyāḥ	sarvābhyām	sarvābhyaḥ
6	sarvasya	sarvayoḥ	sarveṣām	sarvasya	sarvayoḥ	sarveṣām	sarvasyāḥ	sarvayoḥ	sarvāsām
7	sarvasmin	sarvayoḥ	sarveṣu	sarvasmin	sarvayoḥ	sarveṣu	sarvasyām	sarvayoḥ	sarvāsu

	pūrva (m.)			**ubhaya/ubha** (m.) *»beide«*			**Analog flektieren ...**
1	pūrvaḥ	pūrvau	pūrve/pūrvāḥ	ubhayaḥ	ubhau	ubhaye	**adhara, antara, apara, avara, uttara,**
2	pūrvam	pūrvau	pūrvān	ubhayam	ubhau	ubhayān	**dakṣiṇa (»südlich«), para, sva:** wie → *pūrva*;
3	pūrveṇa	pūrvābhyām	pūrvaiḥ	ubhayena	ubhābhyām	ubhayaiḥ	**anya, anyatara, ekatama, itara:** wie → *yad*;
4	pūrvasmai	pūrvābhyām	pūrvebhyaḥ	ubhayasmai	ubhābhyām	ubhayebhyaḥ	**ekatara, viśva, sama, sima:** wie → *sarva*;
5	pūrvasmāt/pūrvāt	pūrvābhyām	pūrvebhyaḥ	ubhasmāt	ubhābhyām	ubhayebhyaḥ	**ardha, alpa, katipaya (Fem.: -yā/-yī),**
6	pūrvasya	pūrvayoḥ	pūrveṣām	ubhayasya	ubhayoḥ	ubhayeṣām	**carama:** wie → *rāma*, nur N. Pl. wie → *pūrva*;
7	pūrvasmin/pūrve	pūrvayoḥ	pūrveṣu	ubhayasmin	ubhayoḥ	ubhayeṣu	**nema:** wie → *sarva*, nur N. Pl. wie → *pūrva*.

- *Neutr. Nom./Akk.:* pūrvam pūrve pūrvāṇi | ubhayam (→ *sarva*) ubhe (→ *phalam*) ubhayāni (→ *sarva*);
  Fem.: purvā (→ *sarva*) | ubhayī (→ *nadī*) ubhe (→ *ramā*) ubhayyaḥ (→ *nadī*).

Kardinalia

0 śūnya *n.*	**20 viṃśati** *f.*	**40 catvāriṃśat** *f.*	**60 ṣaṣṭi** *f.*	**80 aśīti** *f.*
1 eka	21 ekaviṃśati	41 ekacatvāriṃśat	61 ekaṣaṣṭi	81 ekāśīti
2 dvi	22 dvā-	42 dvā-/dvi-	62 dvā-/dvi-	82 dvyaśīti
3 tri	23 trayo-	43 trayaś-/tri-	63 trayaḥ-/tri-	83 tryaśīti
4 catur	24 catur-	44 catuś-	64 catuḥ-	84 caturaśīti
5 pañcan	25 pañca-	45 pañca-	65 pañca-	85 pañcāśīti
6 ṣaṣ	26 ṣaḍ-	46 ṣaṭ-	66 ṣaṭ-	86 ṣaḍaśīti
7 saptan	27 sapta-	47 sapta-	67 sapta-	87 saptāśīti
8 aṣṭan	28 aṣṭā-	48 aṣṭā-/aṣṭa-	68 aṣṭā-/aṣṭa-	86 aṣṭāśīti
9 navan	29 navaviṃśati ekona-, ūna-, ekānnatriṃś.	49 navacatvāriṃśat ekona-, ūna-, ekānnapañcāś.	69 navaṣaṣṭi ekona-, ūna-, ekānnasapt.	89 navāśīti ekona-, ūna-, ekānnanav.
10 daśan	**30 triṃśat** *f.*	**50 pañcāśat** *f.*	**70 saptati** *f.*	**90 navati** *f.*
11 ekādaśan	31 ekatriṃśat	51 ekapañcāśat	71 ekasaptati	91 ekanavati
12 dvādaśan	32 dvā-	52 dvā-/dvi-	72 dvā-/dvi-	92 dvā-/dvi-
13 trayodaśan	33 trayas-	53 trayaḥ-/tri-	73 trayaḥ-/tri-	93 trayo-/tri-
14 caturdaśan	34 catus-	54 catuḥ-	74 catuḥ-	94 catur-
15 pañcadaśan	35 pañca-	55 pañca-	75 pañca-	95 pañca-
16 ṣoḍaśan	36 ṣaṭ-	56 ṣaṭ-	76 ṣaṭ-	96 ṣaṇṇavati
17 saptadaśan	37 sapta-	57 sapta-	77 sapta-	97 sapta-
18 aṣṭādaśan	38 aṣṭā-	58 aṣṭā-/aṣṭa-	78 aṣṭā-/aṣṭa-	98 aṣṭā-/aṣṭa-
19 navadaśan/ ekona-, ūna-, ekānnaviṃś.	39 navatrṃśat/ ekona-, ūna-, ekānnacatv.	59 navapañcaśat/ ekona-, ūna-, ekānnaṣaṣṭi	79 navasaptati/ ekonā-, ūna-, ekānnāśīti	99 navanavati/ ekona-, ūna-, ekānnaśata

100 śata *n.*	95 pañconaṃ śatam/pañconaś.	1 000 sahasra/daśaśata *n.*, -tā *f.*
200 dviśata/dve śate	150 pañcāśadādhikaṃ śatam/ pañcāśadādhikaśatam	10 000 ayuta *n.*
300 triśata/trīṇi śatāni		100 000 lakṣa *n.*, lakṣā *f.*

Ordinalia (m./n., f.)

1. prathama, -mā	11. ekādaśa, -śī	20. viṃśa, -śī / viṃśatitama, -mī
2. dvitīya, -yā	12. dvādaśa, -śī	30. triṃśa, -śī / triṃśattama, -mī
3. tṛtīya, -yā	13. trayodaśa, -śī	40. catvāriṃśa, -śī / catvāriṃśattama, -mī
4. caturtha, -thī tur(ī)ya, -yā	14. caturdaśa, -śī 15. pañcadaśa, -śī	50. pañcāśa, -śī / pañcāśattama, -mī 60. *(-)ṣaṣṭitama, -mī; -ṣaṣṭa, -ṭī
5. pañcama, -mī	16. ṣoḍaśa, -śī	70. *(-)saptatitama, -mī; -saptata, -tī
6. ṣaṣṭha, -ṭhī	17. saptadaśa, -śī	80. *(-)aśītitama, -mī; -aśīta, -tī
7. saptama, -mī	18. aṣṭādaśa, -śī	90. *(-)navatitama, -mī; -navata, -tī
8. aṣṭama, -mī	19. navadaśa, -śī	100. śatatama, -mī
9. navama, -mī	ūnaviṃśa, -śī	1 000. sahasratama, -mī
10. daśama, -mī	-viṃśatitama, -mī	**d. h. »60.« nur ṣaṣṭitama, aber »61.« ekaṣaṣṭitama oder ekaṣaṣṭa, analog die Folgenden*

	Zahladverbien			**-adj.** (m./n.*)	**-substantive**
	»-mal«	*»-fach«*	*»zu -en«*	*»-fältig«*	*»Anzahl von -«*
1	sakṛt	ekadhā	ekaśaḥ		
2	dviḥ	dvi-/dvedhā	dviśaḥ	dvaya, dvitaya	dvaya/dvitaya *n.*, dvayī *f.*
3	triḥ	tri-/tredhā	triśaḥ	traya, tritaya	traya/tritaya *n.*, trayī *f.*
4	catuḥ	caturdhā	...	catuṣṭaya	catuṣṭaya *n.*
5	pañcakṛtvaḥ	pañcadhā		pañcataya...	pañcat *f.*
6	ṣaṭkṛtvaḥ...	ṣoḍhā/ṣaḍdhā...		**f. immer -yī*	ṣaṭka *n.* |10 daśat *f.*

Deklination der Kardinalia

- *eka* flektiert wie → *sarva.*
- *dvi* als Dual von *dva*: *dvau* (m.) *dve* (f./n.), *dvābhyām, dvayoḥ.*

	tri			catur		
	m.	*n.*	*f.*	*m.*	*n.*	*f.*
1	trayaḥ	trīṇi	tisraḥ	catvāraḥ	catvāri	catasraḥ
2	trīn	trīṇi	tisraḥ	caturaḥ	catvāri	catasraḥ
3	tribhiḥ	tribhiḥ	tisṛbhiḥ	caturbhiḥ	caturbhiḥ	catasṛbhiḥ
4	tribhyaḥ	tribhyaḥ	tisṛbhyaḥ	caturbhyaḥ	caturbhyaḥ	catasṛbhyaḥ
5	tribhyaḥ	tribhyaḥ	tisṛbhyaḥ	caturbhyaḥ	caturbhyaḥ	catasṛbhyaḥ
6	trayāṇām	trayāṇām	tisṛṇām	caturṇām	caturṇām	catasṛṇām
7	triṣu	triṣu	tisṛṣu	caturṣu	caturṣu	catasṛṣu
V	trayaḥ	trīṇi	tisraḥ	catvāraḥ	catvāri	catasraḥ

- Wie *pañcan* flektieren: *saptan, aṣṭan, navan, (-)daśan*; *aṣṭan* alternativ auch: aṣṭau, aṣṭau, aṣṭābhiḥ, aṣṭābhyaḥ, aṣṭābhyaḥ, aṣṭānām, aṣṭāsu, aṣṭau.
- Zahlwörter für 20 bis 99 sind f. Sg., für 100, 1 000 usw. n. Sg. und haben die gezählten Dinge als Apposition im gleichen Kasus Pl., im Gen. Pl. oder komponiert: *ṣaṣṭyāṃ varṣeṣu, ṣaṣṭyāṃ varṣāṇām* oder *varṣaṣaṣṭyām* »in 60 Jahren«.

	pañcan	ṣaṣ
	m./n./f.	*m./n./f.*
1	pañca	ṣaṭ
2	pañca	ṣaṭ
3	pañcabhiḥ	ṣaḍbhiḥ
4	pañcabhyaḥ	ṣaḍbhyaḥ
5	pañcabhyaḥ	ṣaḍbhyaḥ
6	pañcānām	ṣaṇṇām
7	pañcasu	ṣaṭsu
V	pañca	ṣaṭ

Deklination der Ordinalia

- Ordinalia flektieren mask. und neut. nach a-, fem. nach ā- bzw. ī-Deklination. Folgende Alternativen sind in Überschneidung mit der pronom. Deklination möglich:

	prathama	dvitīya		tṛtīya	
	m./n.	*m./n.*	*f.*	*m./n.*	*f.*
Dativ Sg.	prathamāya	dvitīyāya/ dvitīyasmai	dvitīyāyai/ dvitīyasyai	tṛtīyāya/ tṛtīyasmai	tṛtīyāyai/ tṛtīyasyai
Abl. Sg.	prathamāt	dvitīyāt/ dvitīyasmāt	dvitīyāyāḥ/ dvitīyasyāḥ	tṛtīyāt/ tṛtīyasmāt	tṛtīyāyāḥ/ tṛtīyasyāḥ
Lokativ Sg.	prathame	dvitīye/ dvitīyasmin	dvitīyāyām/ dvitīyasyām	tṛtīye/ tṛtīyasmin	tṛtīyāyām/ tṛtīyasyām
Nom. Pl.	prathamāḥ/ prathame	dvitīyāḥ	dvitīyāḥ	tṛtīyāḥ	tṛtīyāḥ

Deklination der Zahladjektive

- Zahladjektive flektieren mask. und neut. nach a-, fem. nach ī-Deklination.
- Im Nom. Pl. m. können sie jedoch auch der pronom. Deklination folgen: *dvayāḥ/dvaye.*

Häufig gebrauchte primäre Suffixe				
-Ø	yudh (f., → *yudh*) *»Kampf«*	dviṣ (m., → *dviṣ*) *»Feind«*	su-kṛt (adj., → *kṛ*) *»Gutes tuend«*	[meist als Kompositums-hinterglied; *-t* bei vok. Auslaut]
-a	pāka (m., → *pac*) *»das Kochen«*	jaya (m., → *ji*) *»das Siegen, Sieg«*	bhāva (m., → *bhū*) *»Sein, Zustand«*	[Ähnlich: bhava, bhavana]
-ana	vacana (n., → *vac*) *»das Sprechen, Rede«*	nayana (n., → *nī*) *»Auge«*	darśana (n., → *dṛś*) *»das Sehen«*	
-as	manas (n., → *man*) *»Geist«*	cetas (n., → *cit*) *»Einsicht«*		
-man	janman (n., → *jan*) *»Geburt«*	veśman (n., → *viś*) *»Behausung«*	karman (n., → *kṛ*) *»Tat«*	
-tra	vaktra (n., → *vac*) *»Mund«*	netra (n., → *nī*) *»Auge«*	pātra (n., → *pā*) *»Trinkgefäß«*	
-ti	mati (f., → *man*) *»das Denken, Verstand«*	mukti (f., → *muc*) *»Befreiung«*	glāni (f., → *glā*) *»Erschöpfung«*	[Bildung erfolgt analog zum PPP]
-ā	sevā (f., → *sev*) *»Dienst«*	pūjā (f., → *pūj*) *»Verehrung«*	pipāsā (f., → *pā*) *»Durst«*	[statt *-ti* an kons. ausl. Wurzeln u. Desiderative]
-u	jigamiṣu (adj., → *gam*) *»zu gehen wünschend«*	mumukṣu (adj., → *muc*) *»Befreiung wünschend«*	mumūrṣu (adj., → *mṛ*) *»zu sterben wünschend«*	[bildet Adjektive von Desiderativen]
-aka	janaka (adj., → *jan*) *»erzeugend«*, m.: *»Vater«*	bhedaka (adj., → *bhid*) *»spaltend«*	dāyaka (adj., → *dā*) *»gebend«*	[Agens aller Wurzeln und abgel. Verbstämme]
-tṛ	vaktṛ (adj., → *vac*) *»sprechend«*	yoddhṛ (m., → *yudh*) *»Kämpfer«*	dātṛ (m., → *dā*) *»Geber«*	
-in	ni-vāsin (adj., → *vas*) *»wohnend«*	uc-chedin (adj., → *chid*) *»vernichtend«*	bhāvin (adj., → *bhū*) *»sein werdend, zukünftig«*	[nicht zu verwechseln mit dem sek. Suffix *-in*]

Häufig gebrauchte sekundäre Suffixe				
-a	śauca (m., śuci) *»Reinheit«*	pārthava (n., pṛthu) *»Breite«*	cākṣuṣa (adj., cakṣus) *»sichtbar«*	vaiyākaraṇa (m., vyākaraṇa) *»Grammatiker«*
-ya	śaurya (n., śūra) *»Tapferkeit«*	rājanya (adj., rājan) *»königlich«*	vīrya (n., vīra) *»Heldenmut«*	gavya (adj., go) *»von der Kuh kommend«*
-tva[1] **-tā**[1]	dṛḍhatva (n., dṛḍha) dṛḍhatā (f., dṛḍha) *»Festigkeit«*	gotva (n., go) gotā (f., go) *»Natur der Kuh«*	janatā (f., jana) *»eine Anzahl von Menschen; Menschheit«*	
-iman	śukliman (m., śukla) *»weiße Farbe«*	mahiman (m., mahant) *»Größe«*	variman (m., uru) *»Weite«*	prathiman (m., pṛthu) *»Breite«*
-mat/-vat[2]	dhīmat (adj., dhī) *»verstandesbegabt«*	jyotiṣmat (adj., jyotis) *»lichtreich«*	vidyāvat (adj., vidyā) *»kenntnisreich«*	payasvat (adj., payas) *»saftreich«*
-in/-vin/-min[3]	dhanin (adj., dhana) *»reich«*	tejasvin (adj., tejas) *»glänzend«*	vāgmin (adj., vāc) *»beredt«*	
-ita	puṣpita (adj., puṣpa) *»blühend«*	kaṇṭakita (adj., kaṇṭaka) *»dornig«*	vyādhita (adj., vyādhi) *»erkrankt«*	
-maya	aśmamaya (adj., aśman) *»aus Stein gemacht«*	cinmaya (adj., cit) *»aus Geist bestehend«*	annamaya (anna) adj.: *»reich an Speise«*; n.: *»Überfluss an Speise«*	
-mātra	cinmātra (adj., cit) *»reiner Geist«*	urumātra (adj., uru) *»schenkelhoch«*		
-vat	brāhmaṇavat (indekl., brāhmaṇa) *»wie ein Brahmane«*			

1 Akkusativ mit Verben des Gehens: *»werden zu …«*; Instrumental: *»als …«*; (Genitiv +) Ablativ: *»weil (er/sie/es) … ist«*. pañcatvaṃ gacchati *»wird zu den fünf [Elementen] = stirbt«*; dvitīyatvena *»als Zweiter«*; tasya prasiddhatvāt *»weil es bekannt ist«*

2 *-vat* tritt an Nomina, deren letzter oder vorletzter Laut *a*, *ā* oder *m* ist oder die auf einen Velar, Palatal, Retroflex, Dental oder Labial auslauten. An andere Nomina wird *-mat* angefügt.

3 (1) *-in* tritt meist an Nomina auf *-a*, (2) *-vin* an solche auf *-as*, (3) *-min* erscheint nur in wenigen Ableitungen.

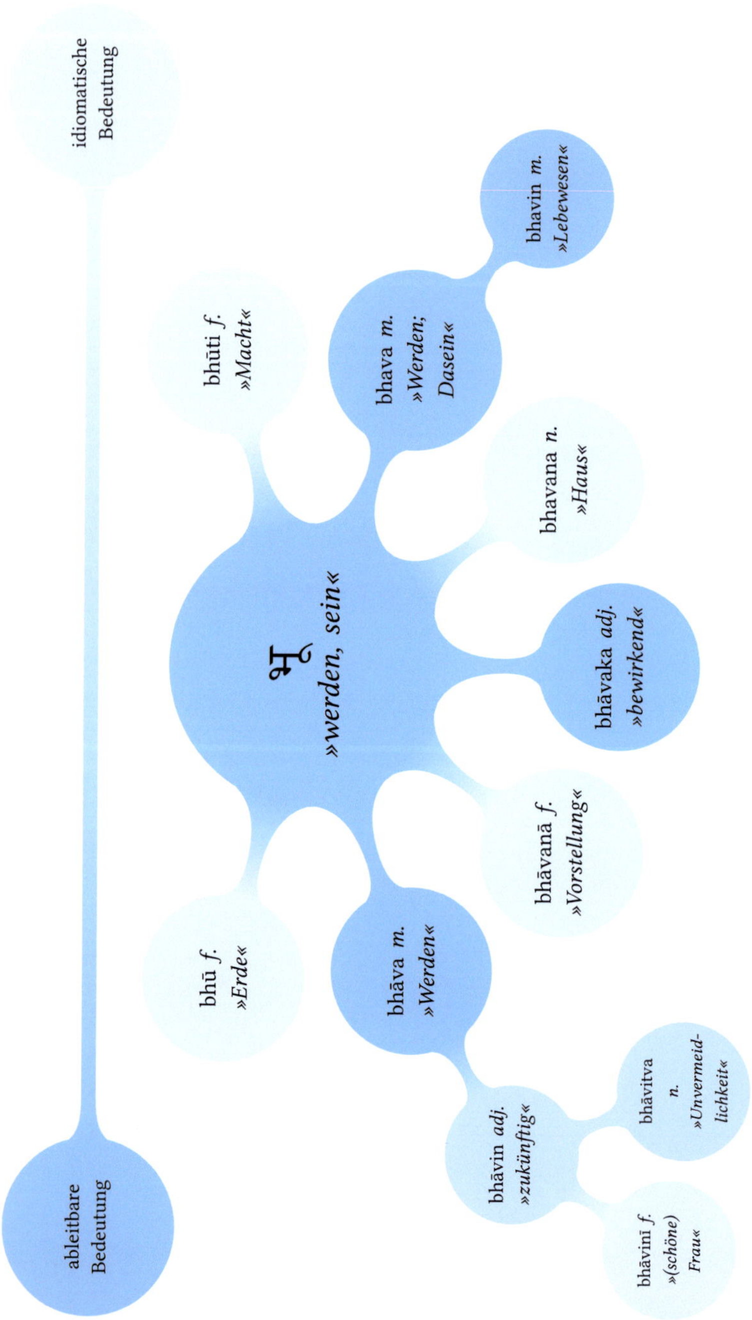
ableitbare Bedeutung
idiomatische Bedeutung
भू
»werden, sein«
bhū f.
»Erde«
bhūti f.
»Macht«
bhāva m.
»Werden«
bhava m.
»Werden; Dasein«
bhavin m.
»Lebewesen«
bhāvanā f.
»Vorstellung«
bhāvaka adj.
»bewirkend«
bhavana n.
»Haus«
bhāvin adj.
»zukünftig«
bhāvinī f.
»(schöne) Frau«
bhāvitva n.
»Unvermeid-lichkeit«

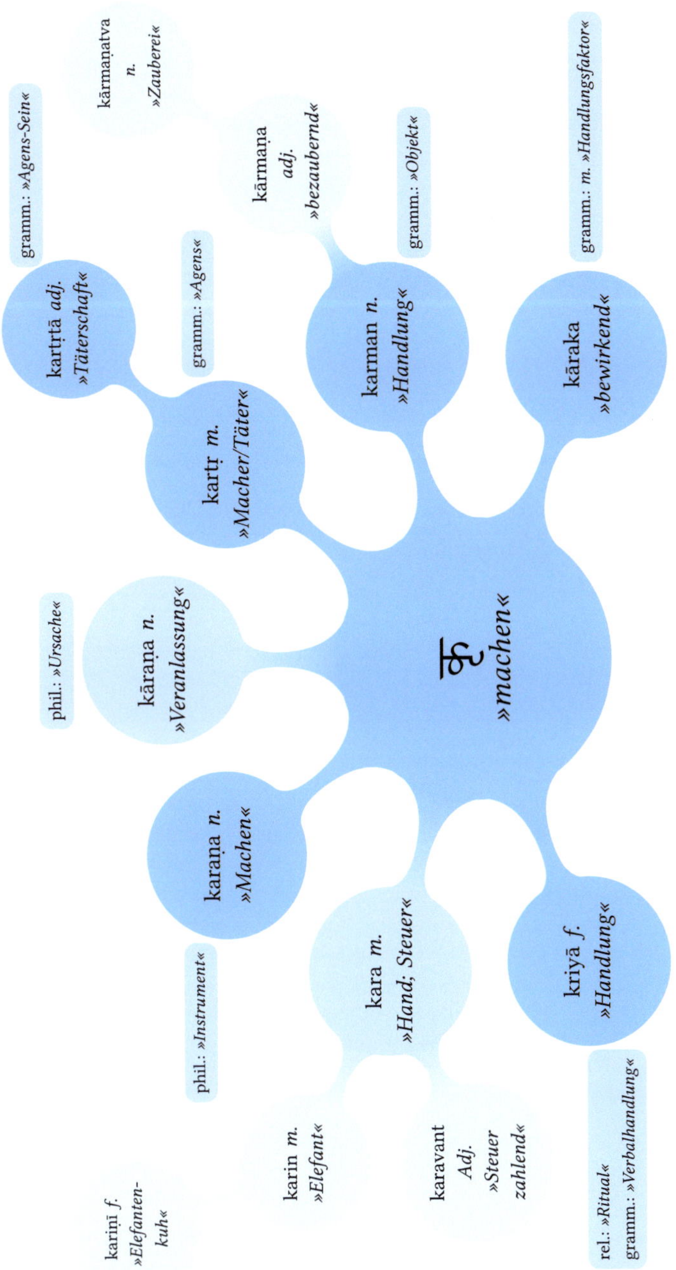
कृ
»machen«
kartṛ m.
»Macher/Täter«
kartṛtā adj.
»Täterschaft«
gramm.: »Agens-Sein«
gramm.: »Agens«
karman n.
»Handlung«
gramm.: »Objekt«
kārmaṇa
adj.
»bezaubernd«
kārmaṇatva
n.
»Zauberei«
kāraka
»bewirkend«
gramm.: m. »Handlungsfaktor«
kāraṇa n.
»Veranlassung«
phil.: »Ursache«
karaṇa n.
»Machen«
phil.: »Instrument«
kara m.
»Hand; Steuer«
karin m.
»Elefant«
kariṇī f.
»Elefanten-
kuh«
karavant
Adj.
»Steuer
zahlend«
kriyā f.
»Handlung«
rel.: »Ritual«
gramm.: »Verbalhandlung«

Sek. Suffixe -tara (Komparativ) und -tama (Superlativ)

von jedem Adjektiv bildbar; Fem.: -tarā, -tamā

priya	priyatara, -tama	**dhanin**	dhanitara, -tama
śuci	śucitara, -tama	**sumanas**	sumanastara, -tama
guru	gurutara, -tama	**udarcis**	udarciṣṭara, -ṭama
viśvajit	viśvajittara, -tama	**sucakṣus**	sucakṣuṣṭara, -ṭama
agnimath	agnimattara, -tama	**dhīmat**	dhīmattara, -tama
tamonud	tamonuttara, -tama	**vidvas**	vidvattara, -tama
dharmabudh	dharmabhuttara, -tama	**pratyañc**	pratyaktara, -tama
satyavāc	satyavāktara, -tama	**prāñc**	prāktara, -tama

-tara und *-tama* können auch an nicht deklinierbare Wörter treten, häufig belegt sind allerdings nur Formen mit *-tara*:

- Verben: *prabhavati* »er ist stark«, *prabhavatitarām* »er ist ziemlich stark«
- Adverbien: *uccais* »hoch«, *uccaistarām* »höher, recht hoch«

Prim. Suffixe -īyas (Komparativ) und -iṣṭha (Superlativ)

von vielen Adjektiven bildbar, meist aus zugrunde liegender Wurzel

kṣipra	(→ *kṣip*)	kṣepīyas	kṣepiṣṭha	[Für den Wurzelvokal
sthira	(→ *sthā*)	stheyas	stheṣṭha	wird Guṇa substituiert]
uru	(→ *vṛ*)	varīyas	variṣṭha	
pāpa		pāpīyas	pāpiṣṭha	[Bei mehrsilbigen Stämmen:
paṭu		paṭīyas	paṭiṣṭha	auslautende Vokale oder
mahat		mahīyas	mahiṣṭha	Vok. + Kons. fallen ab]
sragvin	(sraj+vin)	srajīyas	srajiṣṭha	[Possessiv-Suffixe fallen ab;
dhanavat	(dhana+vat)	dhanīyas	dhaniṣṭha	Stamm wird ggf. nach
vasumat	(vasu+mat)	vasīyas	vasiṣṭha	vorheriger Regel gekürzt]
kṛśa	(→ *kṛś*)	kraśīyas	kraśiṣṭha	[Für mediales *ṛ*
dṛḍha	(dṛh)	draḍhīyas	draḍhiṣṭha	wird *ra* substituiert]
pṛthu	(→ *prath*)	prathīyas	prathiṣṭha	
bhṛśa	(bhṛś)	bhraśīyas	bhraśiṣṭha	
mṛdu	(mrad)	mradīyas	mradiṣṭha	
ṛju	(→ *arj*)	ṛjīyas	ṛjiṣṭha	[Initiales *ṛ* bleibt]

- *Fem.:* kṣepīyasī (→ *nadī*), kṣepiṣṭhā etc.

Unregelmäßige Komparative und Superlative			
antika	*»nahe«*	nedīyas	nediṣṭha
alpa	*»klein«*	alpīyas kanīyas	alpiṣṭha kaniṣṭha
kṣudra	*»gemein«*	kṣodīyas	kṣodiṣṭha
guru	*»schwer«*	garīyas	gariṣṭha
dīrgha	*»lang«*	drāghīyas	drāghiṣṭha
dūra	*»fern«*	davīyas	daviṣṭha
praśasya	*»preiswürdig«*	śreyas jyāyas	śreṣṭha jyeṣṭha
priya	*»lieb«*	preyas	preṣṭha
bahu	*»viel«*	bhūyas	bhūyiṣṭha
bahula	*»häufig«*	bahīyas	bahiṣṭha
yuvan	*»jung«*	yavīyas kanīyas	yaviṣṭha kaniṣṭha
bāḍha	*»fest«*	sādhīyas	sādhiṣṭha
vṛddha	*»alt«*	varṣīyas jyāyas	varṣiṣṭha jyeṣṭha
vṛndāraka	*»groß«*	vṛndīyas	vṛndiṣṭha
sthūla	*»groß, stark«*	sthavīyas	sthaviṣṭha
sphira	*»dick«*	spheyas	spheṣṭha
hrasva	*»kurz«*	hrasīyas	hrasiṣṭha

Die Suffixe *-tara* und *-tama* werden bisweilen an Komparative und Superlative auf *-īyas* und *-iṣṭha* angefügt: *śreṣṭha* »der beste«, *śreṣṭhatama* »der allerbeste«.

Indeklinabilia

agre 1. Adv. *»vorn; zuerst«*, 2. nach Gen./°agre *»vor; in Gegenwart von«*
ebenso: **agratas, agram**

aṅga 1. *»gerade, nur«*, 2. ausrufend, auffordernd
kim aṅga *»um wieviel mehr?«*

atas Adv. *»darauf; darum, folglich«*,
ataḥ param *»darauf«*
ata/ita ūrdhvam *»von nun an«*

atra Adv. *»hier«*

atha Adv. markiert neuen Abschnitt; *»doch, dagegen«*,
ebenso: **atho (atha+u)**
atha kim *»wie sonst?«*, *»allerdings«*
atha vā *»oder, jedoch«*

adhas 1. Adv. *»unten; hinab«*, 2. nach Gen./Abl./°adhas *»unter«*
ebenso: **adhastāt**

adhi 1. Adv. *»oben; in hohem Grad«*, 2. nach Akk. *»hin zu«*, 3. nach Abl. *»von ... herab«*, 4. nach Lok./adhi° *»über, bei«*

anantaram 1. Adv. *»darauf«*, 2. nach Abl./Gen./°anantaram *»gleich nach«*

anu 1. Adv. *»darauf«*, 2. nach Akk./Abl./Gen. *»nach, entlang, gemäß; bzgl. (Akk.)«* 3. anu° *»jeden ...«*

antar 1. Adv. *»innen; hinein«*, 2. nach Akk./Gen./Lok./°antar *»in, innerhalb, zwischen«*, 3. nach Abl./Gen. *»aus heraus«*

antarā 1. Adv. *»dazwischen; beinahe«*, 2. nach Akk./Lok. *»zwischen«*, 3. nach Akk./Gen. *»während; ohne, außer; bezüglich«*
ebenso: **antareṇa**

anyac ca Adv. *»ferner«*

anyatra 1. Adv. *»anderswo, andernfalls«*, 2. nach Abl./°anyatra *»anders(wo/wann) als«*

anyadā Adv. *»zu einer anderen Zeit«*

aparam 1. Adv. *»künftig«*, 2. nach Abl. *»nachher, ferner; westlich von«*

api 1. Adv. *»auch; obwohl«*, 2. nach Subjekt *»... wiederum«*, 3. nach Interrogativum indefinit., 4. am Satzanfang Fragepartikel, 5. nach Zahlwörtern *»alle«*
api ca/cāpi *»ferner«*
ye 'pi, te 'pi *»auch diejenigen, welche«*
vāpi/api vā *»oder auch«*
na, nāpi *»weder ... noch ...«*

abhi 1. Adv. *»herbei«*, 2. nach Akk. *»hin zu; gegen; für«*

ayi 1. freundliche Interj. vor oder stellvertretend für Vok., 2. *»bitte ...!«*, 3. Fragepart. *»ist es nicht so, dass ...?«*

aye 1. Interj. des Erstaunens *»oha!«*, 2. vor Vok. wie → **ayi**

are Interj. zur Anrede Untergebener

arere 1. Interj. der Zorns, 2. vor Vok. wie → **are**

alam 1. Adv. *»genug; in hohem Grad«*, 2. vor Instr. *»genug von, hinfort mit«*, 3. vor Dat. *»genügend für«*

ahahā̆ Interj. der Trauer, Verwunderung, des Mitleids und Herbeirufens

aho Interj. des Staunens, Unwillens, der Trauer, Freude, des Lobs und Tadels [Auslaut unterliegt keinem Sandhi]

ā 1. vor/nach Abl. *»hin zu; von weg«*, 2. nach Akk. *»von weg; aus, von, unter (mehreren)«*, 3. vor Akk. *»ohne, außer«* [unterliegt keinem Sandhi]

ās Interj. der Freude und des Unwillens

ām Interj. der Zustimmung und Erinnerung *»ja!«*

itas Adv. *»von hier an, künftig, danach«*,
itas tataḥ *»hier(hin) und dort(hin), hin und her«*
ita/ata ūrdhvam *»von da an«*

iti 1. markiert Ende einer wörtl. Rede oder eines Gedankens, 2. *»so«*
ityādi *»und so weiter«*

iva enkl. Vergleichspartikel *»wie; gleichsam; beinahe«*

īṣat Adv. *»annähernd; ein wenig, etwas«*

ŭ *»und, auch«*
→ **kim u**, → **no**

uta 1. *»und; auch«*, 2. hervorhebend oder Expletiv
kim uta *»um wieviel mehr?«*

upari 1. Adv. *»oben; herauf; nachher«*, 2. nach Akk./Abl./Gen./Lok./°upari/upari°

»über; nach (Zeit)«, 3. nach Gen. *»bzgl.; wegen«*
ebenso: **upariṣṭāt**
ūrdhvam 1. Adv. *»oben; aufwärts; in der Folge«*, 2. nach Abl. *»nach (Zeit)«*
ata/ita ūrdhvam *»von da an«*
ṛte nach Akk./Abl. *»ohne, außer«*
eva enkl. 1. Beschränkung *»nur«*, 2. Wortemphase *»eben«*
evam Adv. *»so, auf diese Weise«*
kaccit Interr., das Bejahung erwartet *»ich hoffe, dass ...«*
kaṣṭam Interj. *»oh weh!«*
kāmam Adv. *»nach Belieben«*
ebenso: **kāmāt, kāmatas**
kim 1. am Satzanfang Fragepartikel, 2. mit Instr. *»wozu ...?«*, *kiṃ bahunā »Wozu viele Worte?«*
kim u *»wieviel mehr; jedoch«*
kiṃ ca *»ferner«*
kiṃ tu *»jedoch; ferner«*
kiṃ nu/punar *»um wieviel mehr«*
kila 1. *»gewiss, ja, nämlich«*, 2. *»man sagt, bekanntlich«*
kṛtam vor Instr. *»genug von, hinfort mit«*
kṛte nach Gen./°kṛte *»für, wegen«*
ebenso: **kṛtena**
kevalam *»einzig, allein, nur«*
kva Interr. *»wo?«*, *»wohin?«*, *»wozu?«*
kva ... kva ... *»wie passt ..., zu ...«*
khalu *»freilich, allerdings, doch«*
ca enkl. *»und«*
ciram *»lange Zeit; spät, endlich«*
ebenso: **cirāt, cirāya, cire, cireṇa**
ced *»wenn«* [nie am Satz- oder Versanfang]
iti ced *»in diesem Fall«*
na/no ced *»sonst«*
jātu *»überhaupt; vielleicht; jemals«*
na jātu *»auf keinen Fall«*
tatas Adv. *»von dort; dann; daher«*
tena *»dadurch«*
tasmāt *»deshalb«*
itas tataḥ *»hier(hin) und dort(hin), hin und her«*
tatra Adv. *»dort(hin); dann«*
tathā Adv. 1. *»ebenso«*, 2. Zustimmungspart. *»ja, gewiss!«*
tad kann am Satzanfang vertreten: → **tatas**, → **tatra**, → **tadā**, → **tarhi**
tadā Adv. *»damals, dann, so«*
tadā prabhṛti *»von da an«*
tarhi Adv. *»damals, dann; darum, wohlan (+ Imperativ)«*
tāvat *»soweit, solange, mal (ugs.); inzwischen, zuvor«*, *śṛṇu tāvat »Hör mal!«*
na tāvat *»noch nicht«*
mā tāvat *»ja nicht!«*
tu *»aber, doch, nun«* [nie am Satz- oder Versanfang]
kiṃ/paraṃ tu *»dennoch, gleichwohl«*
bhūyas/varam, na tu *»eher, als«*
diṣṭyā *»zum Glück!«*
dūram *»weit weg, fernhin«*
ebenso: **dūratas, dūrāt, dūre, dūreṇa**
dhik Interj. der Klage, des Vorwurfs an (Nom., Akk., Gen. o. Vok.): *»wehe!«*, *»verdammt!«* [oft mit anderen Interj.]
na 1. Satznegationspart. *»nicht«*, 2. Verneinungspart. *»nein«*
nanu 1. *»ist es nicht so, dass?«*, 2. *»doch wohl, ja«*
nāma 1. *»nämlich, wirklich, etwa«*, 2. nach Interr. *»doch, wohl«*
nu 1. *»nun, jetzt; gewiss, eben«*, 2. negiert *»durchaus nicht«*
nūnam *»jetzt; fernerhin, künftig; darum, sicherlich«*
no (na+u) *»und nicht«*
param *»darauf, später; jenseits; höchst(ens)«*
ebenso: **paratas, pare**
ataḥ param *»darauf, später«*
paraṃ tu *»aber«*
paras 1. Adv. *»nachher, darüber hinaus, jenseits«*, 2. paras° in Zahlwörtern *»mehr als ...«*, 3. nach Akk./Instr./Abl. *»darüber hinaus«*, 4. nach Instr./Abl. *»ohne«*
parastāt 1. Adv. → **paras**, 2. nach Gen. *»jenseits, unter, nach«*
pareṇa 1. Adv. → **param**, 2. nach Akk. *»vorüber an, hinaus über«*, 3. nach Abl./Gen. *»nach, später als«*
parokṣam Adv. *»nicht wahrnehmbar«*
paścāt 1. Adv. *»später; hinten; westlich«*, 2. nach Gen./Abl. *»nach; hinter; westlich

von«

punar *»wieder, zurück, öfters; außerdem, dagegen«*

punar, punar *»bald ..., bald ...«*

punar punar *»immer wieder«*

kiṃ punar *»um wieviel mehr«*

puras 1. Adv. *»vorher, zuerst; voran; im Osten«*, 2. nach Abl./Akk./Gen./°puras *»vor (Raum)«*, 3. nach Gen. *»vor (Zeit)«*
ebenso: **puratas, purastāt**

purā 1. Adv. *»vormals, früher, einst«*, 2. Konj. *»ehe, bevor«*, 3. nach Abl. *»vor; zum Schutze vor; ohne, außer«*

pūrvam 1. Adv. *»vormals, früher«*, 2. °pūrvam *»begleitet von ..., verbunden mit ...; vermittelst, unter ...«*, 3. nach Abl. *»vor (Zeit)«*

adya pūrvam *»bis jetzt«*

prati 1. prati° *»gegen, zurück, wieder ...; jeden ...«*, 2. nach Akk. *»gegen(über), vor«*, 3. nach Akk./Abl. *»zur Zeit von, um«*, 4. nach Akk./Gen. *»bzgl., wegen«*

pratyakṣam Adv. *»deutlich, ausdrücklich, unmittelbar«*

prabhṛti nach Abl./Adv./°prabhṛti *»von ... an«*

prāk 1. Adv. *»(von) vorn; früher; zuerst; im Osten «*, 2. nach Abl. *»vor; östlich von«*

prāyas *»größtenteils, meist; wahrscheinlich«*
ebenso: **prāyaśas, prāyeṇa**

bata Interj. *»ach!«*, *»wehe!«* [oft mit anderen Interj.]

bahis nach Abl. *»draußen, außerhalb von«*

bāḍham Adv. *»gewiß, gut, ja«*

bhūyas Adv. *»mehr, am meisten, viel; ferner, wiederum«*
ebenso: **bhūyasā**

bhūyo 'pi/bhūyaś cāpi *»ferner«*

bhṛśam Adv. *»höchst, sehr«*

bhos Interj. der Anrede [Visarga entfällt vor allen Konsonanten]

mā Negationspart. für augmentlosen Aorist

muhur Adv. *»wiederholt; einen Augenblick; wiederum, dagegen«*

muhur ... muhur *»bald ... bald«*

muhur muhur *»immer wieder«*

yatas Konj. 1. *»woher, wovon, woraus; warum, weshalb; da, weil; seitdem; damit«*, 2. vor einer Strophe *»denn«*

yatra Konj. *»wo(hin); als, da, während, wenn«*

yatra, tatra *»wo ..., dort ...«*

yatra tatrāpi *»wohin immer«*
ebenso: **yatra kutra/kutrāpi, yatra kvāpi/kva cana**

yathā 1. Vergleichspart. *»wie, gleichwie«*, 2. Konj. *»dass, damit; da, weil; also ob«*, 3. yathā° *»je nach ...«*

yad Konj. *»dass; als, wenn; weil«*

yad api *»wenn auch, obgleich«*

yad vā *»oder, jedoch, indessen«*
kann am Satzanfang vertreten:
→ **yatas**, → **yatra**, → **yadā**, → **yadi**, → **yena**

yadā Konj. *»wann, als, wenn«*

yadi Konj. *»wenn«*

yāvat 1. nach/vor Akk. *»während«*, 2. nach/vor Akk. oder vor Abl. *»bis«*

yāvatā Konj. *»wie weit, wie lange«*

yena Konj. *»wo(hin); wie; woher, warum; weil; dass«*

vat °vat *»wie ...«*

varam Adv. *»besonders, lieber, besser als* (Abl.)*«*

varam ... na ... *»besser ... als ...«*

vā enkl. Konj. *»oder«*

atha vā *»oder, jedoch«*

vinā nach Akk./Instr./Abl. *»ohne, außer«*

vai enkl. Wortemphase

samakṣam Adv. *»öffentlich, in Gegenwart von* (Dat./Gen./°samakṣam)*«*
ebenso: **samakṣāt, samakṣatas, samakṣe**

samam 1. Adv. *»gleich, gleichzeitig, gerade; ganz«*, 2. nach Instr./°samam *»mit«*

samena Adv. *»gleichmäßig«*

satyam Adv. *»gewiss«*, *»ja, so ist es!«*

satyena Adv. *»in Wahrheit«*

sarvatra Adv. *»überall«*

sarvadā Adv. *»jederzeit, immer«*

saha nach Instr. *»mit«*

sākam 1. Adv. *»zusammen, zugleich«*, 2. nach Instr. *»mit«*
sādhu 1. Adv. *»gut, richtig, ordentlich«*, 2. Interj. *»bravo!«*
sārdham nach Instr./°sārdham *»mit«*
sma drückt mit präsentischer Verbform die Vergangenheit aus
svayam Adv. *»(von) selbst«*
svasti 1. Adv. *»mit Glück, mit Erfolg«*, 2. Interj. *»Gegrüßt seist Du!«*

ha *»eben, gewiss«* [oft mit anderen Partikeln]

hanta Interj. *»wohlan!«*

hā Interj. des Staunens, Schmerzes *»oha!«*, *»wehe über* (Vok./Akk.)*«*

hi Satzemphase *»denn, wohl; doch«* [nie am Satz- oder Versanfang]

he Interj. der Anrede, zur Kennzeichnung eines Vokativs, *he rāma »Rāma!«*

PRÄSENSSTAMM 1. KLASSE
(ANALOG: 4., 6. UND 10. KLASSE)

Parasmaip.			*Ātmanep.*		
Indikativ					
nayāmi	nayāvaḥ	nayāmaḥ	naye	nayāvahe	nayāmahe
nayasi	nayathaḥ	nayatha	nayase	nayethe	nayadhve
nayati	nayataḥ	nayanti	nayate	nayete	nayante
Optativ					
nayeyam	nayeva	nayema	nayeya	nayevahi	nayemahi
nayeḥ	nayetam	nayeta	nayethāḥ	nayeyāthām	nayedhvam
nayet	nayetām	nayeyuḥ	nayeta	nayeyātām	nayeran
Imperativ					
nayāni	nayāva	nayāma	nayai	nayāvahai	nayāmahai
naya[1]	nayatam	nayata	nayasva	nayethām	nayadhvam
nayatu[1]	nayatām	nayantu	nayatām	nayetām	nayantām
Imperfekt					
anayam	anayāva	anayāma	anaye	anayāvahi	anayāmahi
anayaḥ	anayatam	anayata	anayathāḥ	anayethām	anayadhvam
anayat	anayatām	anayan	anayata	anayetām	anayanta

PASSIV DER PRÄSENSFORMEN

Indikativ Passiv			**Optativ Passiv**		
nīye	nīyāvahe	nīyāmahe	nīyeya	nīyevahi	nīyemahi
nīyase	nīyethe	nīyadhve	nīyethāḥ	nīyeyāthām	nīyedhvam
nīyate	nīyete	nīyante	nīyeta	nīyeyātām	nīyeran
Imperativ Passiv			**Imperfekt Passiv**		
nīyai	nīyāvahai	nīyāmahai	anīye	anīyāvahi	anīyāmahi
nīyasva	nīyethām	nīyadhvam	anīyathāḥ	anīyethām	anīyadhvam
nīyatām	nīyetām	nīyantām	anīyata	anayetām	anīyanta

ALLGEMEINE TEMPORA

Parasmaip.			*Ātmanep./Passiv*		
Perfekt					
ninā̆ya	ninyiva	ninyima	ninye	ninyivahe	ninyimahe
ninetha/ninayitha	ninyathuḥ	ninya	ninyiṣe	ninyāthe	ninyidhve
nināya	ninyatuḥ	ninyuḥ	ninye	ninyāte	ninyire
Periphrastisches Perfekt[2]					
ninayām āsa	~ āsiva	~ āsima	ninayāṃ cakre	~ cakṛvahe	~ cakṛmahe
~ āsitha	~ āsathuḥ	~ āsa	~ cakṛṣe	~ cakrāthe	~ cakṛḍhve
~ āsa	~ āsatuḥ	~ āsuḥ	~ cakre	~ cakrāte	~ cakrire

[1] An die Stelle der 2./3. P. Imperativ kann ein benediktivisch konnotierter Imperativ auf *-tāt* treten: *nayatāt*. [2] Die Hilfsverben *as*, *bhū* und *kṛ* werden im Parasmaip., nur *kṛ* auch im Ātmanep. konjugiert.

Parasmaip.	**Futur**		*Ātmanep./Passiv*		
neṣyāmi	neṣyāvaḥ	neṣyāmaḥ	neṣye	neṣyāvahe	neṣyāmahe
neṣyasi	neṣyathaḥ	neṣyatha	neṣyase	neṣyethe	neṣyadhve
neṣyati	neṣyataḥ	neṣyanti	neṣyate	neṣyete	neṣyante
		Periphrastisches Futur			
netāsmi	netāsvaḥ	netāsmaḥ	netāhe	netāsvahe	netāsmahe
netāsi	netāsthaḥ	netāstha	netāse	netāsthe	netādhve
netā	netārau	netāraḥ	netā	netārau	netāraḥ
		Konditional			
aneṣyam	aneṣyāva	aneṣyāma	aneṣye	aneṣyāvahi	aneṣyāmahi
aneṣyaḥ	aneṣyatam	aneṣyata	aneṣyathāḥ	aneṣyethām	aneṣyadhvam
aneṣyat	aneṣyatām	aneṣyan	aneṣyata	aneṣyatām	aneṣyanta
		Benediktiv/Prekativ			
nīyāsam	nīyāsva	nīyāsma	neṣīya	neṣīvahi	neṣīmahi
nīyāḥ	nīyāstam	nīyāsta	neṣīṣṭhāḥ	neṣīyāsthām	neṣīḍhvam
nīyāt	nīyāstām	nīyāsuḥ	neṣīṣṭa	neṣīyāstām	neṣīran
		(s-)Aorist			
anaiṣam	anaiṣva	anaiṣma	aneṣi	aneṣvahi	aneṣmahi
anaiṣīḥ	anaiṣṭam	anaiṣṭa	aneṣṭhāḥ	aneṣāthām	aneḍhvam
anaiṣīt	anaiṣṭām	anaiṣuḥ	aneṣṭa	aneṣātām	aneṣata

Aorist Passiv		
anāyiṣi	anāyiṣvahi	anāyiṣmahi
anāyiṣṭhāḥ	anāyiṣāthām	anāyiḍhvam
anāyi	anāyiṣātām	anāyiṣata

Anmerkung: Alternativ kann bei Wurzeln, die den Aorist nach *s-*, *iṣ-* oder *sa*-Bildung formen, auch das Ātmanepada-Paradigma passivisch gebraucht werden; davon ausgenommen ist die 3. P. Sg., die stets auf *-i* endet.

SEKUNDÄRE STÄMME

Kausativ			**Intensiv**		
	Ind. Parasmaip.			*Ind. Ātmanep.*	
nāyayāmi	nāyayāvaḥ	nāyayāmaḥ	nenīye	nenīyāvahe	nenīyāmahe
nāyayasi	nāyayathaḥ	nāyayatha	nenīyase	nenīyethe	nenīyadhve
nāyayati	nāyayataḥ	nāyayanti	nenīyate	nenīyete	nenīyante

Desiderativ		
	Ind. Parasmaip.	
ninīṣāmi	ninīṣāvaḥ	ninīṣāmaḥ
ninīṣasi	ninīṣathaḥ	ninīṣatha
ninīṣati	ninīṣataḥ	ninīṣanti

Parasmaip.		**2. Klasse: Indikativ (dviṣ)**		*Ātmanep.*	
dveṣmi	dviṣvaḥ	dviṣmaḥ	dviṣe	dviṣvahe	dviṣmahe
dvekṣi	dviṣṭhaḥ	dviṣṭha	dvikṣe	dviṣāthe	dviḍḍhve
dveṣṭi	dviṣṭaḥ	dviṣanti	dviṣṭe	dviṣāte	dviṣate
		Optativ			
dviṣyām	dviṣyāva	dviṣyāma	dviṣīya	dviṣīvahi	dviṣīmahi
dviṣyāḥ	dviṣyātam	dviṣyāta	dviṣīthāḥ	dviṣīyāthām	dviṣīdhvam
dviṣyāt	dviṣyātām	dviṣyuḥ	dviṣīta	dviṣīyātām	dviṣīran
		Imperativ			
dveṣāni	dveṣāva	dveṣāma	dveṣai	dveṣāvahai	dveṣāmahai
dviḍḍhi	dviṣṭam	dviṣṭa	dvikṣva	dviṣāthām	dviḍḍhvam
dveṣṭu	dviṣṭām	dviṣantu	dviṣṭām	dviṣātām	dviṣatām
		Imperfekt			
adveṣam	adviṣva	adviṣma	adviṣi	adviṣvahi	adviṣmahi
adveṭ	adviṣṭam	adviṣṭa	adviṣṭhāḥ	adviṣāthām	adviḍḍhvam
adveṭ	adviṣṭām	adviṣan/ adviṣuḥ	adviṣṭa	adviṣātām	adviṣata

Parasmaip.		**3. Klasse: Indikativ (hu)**		*Ātmanep.*	
juhomi	juhuvaḥ	juhumaḥ	juhve	juhuvahe	juhumahe
juhoṣi	juhuthaḥ	juhutha	juhuṣe	juhvāthe	juhudhve
juhoti	juhutaḥ	juhvati	juhute	juhvāte	juhvate
		Optativ			
juhuyām	juhuyāva	juhuyāma	juhvīya	juhvīvahi	juhvīmahi
juhuyāḥ	juhuyātam	juhuyāta	juhvīthāḥ	juhvīyāthām	juhvīdhvam
juhuyāt	juhuyātām	juhuyuḥ	juhvīta	juhvīyātām	juhvīran
		Imperativ			
juhavāni	juhavāva	juhavāma	juhavai	juhavāvahai	juhavāmahai
juhudhi	juhutam	juhuta	juhuṣva	juhvāthām	juhudhvam
juhotu	juhutām	juhvatu	juhutām	juhvātām	juhvatām
		Imperfekt			
ajuhavam	ajuhuva	ajuhuma	ajuhvi	ajuhuvahi	ajuhumahi
ajuhoḥ	ajuhutam	ajuhuta	ajuhuthāḥ	ajuhvāthām	ajuhudhvam
ajuhot	ajuhutām	ajuhavuḥ	ajuhuta	ajuhvātām	ajuhvata

Parasmaip.		**5./8. Klasse: Indikativ (su)**		*Ātmanep.*	
sunomi	sun(u)vaḥ	sun(u)maḥ	sunve	sun(u)vahe	sun(u)mahe
sunoṣi	sunuthaḥ	sunutha	sunuṣe	sunvāthe	sunudhve
sunoti	sunutaḥ	sunvanti	sunute	sunvāte	sunvate
		Optativ			
sunuyām	sunuyāva	sunuyāma	sunvīya	sunvīvahi	sunvīmahi
sunuyāḥ	sunuyātam	sunuyāta	sunvīthāḥ	sunvīyāthām	sunvīdhvam
sunuyāt	sunuyātām	sunuyuḥ	sunvīta	sunvīyātām	sunvīran
		Imperativ			
sunavāni	sunavāva	sunavāma	sunavai	sunavāvahai	sunavāmahai
sunu	sunutam	sunuta	sunuṣva	sunvāthām	sunudhvam
sunotu	sunutām	sunvantu	sunutām	sunvātām	sunvatām
		Imperfekt			
asunavam	asun(u)va	asun(u)ma	asunvi	asun(u)vahi	asun(u)mahi
asunoḥ	asunutam	asunuta	asunuthāḥ	asunvāthām	asunudhvam
asunot	asunutām	asunvan	asunuta	asunvātām	asunvata

Parasmaip.		7. Klasse: Indikativ (rudh)		*Ātmanep.*	
ruṇadhmi	rundhvaḥ	rundhmaḥ	rundhe	rundhvahe	rundhmahe
ruṇatsi	runddhaḥ	runddha	runtse	rundhāthe	runddhve
ruṇaddhi	runddhaḥ	rundhanti	runddhe	rundhāte	rundhate
		Optativ			
rundhyām	rundhyāva	rundhyāma	rundhīya	rundhīvahi	rundhīmahi
rundhyāḥ	rundhyātam	rundhyāta	rundhīthāḥ	rundhīyāthām	rundhīdhvam
rundhyāt	rundhyātām	rundhyuḥ	rundhīta	rundhīyātām	rundhīran
		Imperativ			
ruṇadhāni	ruṇadhāva	ruṇadhāma	ruṇadhai	ruṇadhāvahai	ruṇadhāmahai
runddhi	runddham	runddha	runtsva	rundhāthām	runddhvam
ruṇaddhu	runddhām	rundhantu	runddhām	rundhātām	rundhatām
		Imperfekt			
aruṇadham	arundhva	arundhma	arundhi	arundhvahi	arundhmahi
aruṇaḥ/ aruṇat	arunddham	arunddha	arunddhāḥ	arundhāthām	arunddhvam
aruṇat	arunddhām	arundhan	arunddha	arundhātām	arundhata

Parasmaip.		9. Klasse: Indikativ (krī)		*Ātmanep.*	
krīṇāmi	krīṇīvaḥ	krīṇīmaḥ	krīṇe	krīṇīvahe	krīṇīmahe
krīṇāsi	krīṇīthaḥ	krīṇītha	krīṇīṣe	krīṇāthe	krīṇīdhve
krīṇāti	krīṇītaḥ	krīṇanti	krīṇīte	krīṇāte	krīṇate
		Optativ			
krīṇīyām	krīṇīyāva	krīṇīyāma	krīṇīya	krīṇīvahi	krīṇīmahi
krīṇīyāḥ	krīṇīyātam	krīṇīyāta	krīṇīthāḥ	krīṇīyāthām	krīṇīdhvam
krīṇīyāt	krīṇīyātām	krīṇīyuḥ	krīṇīta	krīṇīyātām	krīṇīran
		Imperativ			
krīṇāni	krīṇāva	krīṇāma	krīṇai	krīṇāvahai	krīṇāmahai
krīṇīhi	krīṇītam	krīṇīta	krīṇīṣva	krīṇāthām	krīṇīdhvam
krīṇātu	krīṇītām	krīṇantu	krīṇītām	krīṇātām	krīṇatām
		Imperfekt			
akrīṇām	akrīṇīva	akrīṇīma	akrīṇi	akrīṇīvahi	akrīṇīmahi
akrīṇāḥ	akrīṇītam	akrīṇīta	akrīṇīthāḥ	akrīṇāthām	akrīṇīdhvam
akrīṇāt	akrīṇītām	akrīṇan	akrīṇīta	akrīṇātām	akrīṇata

Anmerkungen:

- Formen, die den starken Präsensstamm fordern, sind eingerahmt.
- An die Stelle der 2./3. P. Imperativ kann ein benediktivisch konnotierter Imperativ auf *-tāt* treten, der vom schwachen Stamm gebildet wird: *dviṣṭāt* (2), *juhutāt* (3), *sunutāt* (5), *runddhāt* (7), *krīṇītāt* (9).
- Besonderheiten der Präsensklassen und Unregelmäßigkeiten einzelner Verbalbildungen werden – so sie häufig vorkommen – im Verbenverzeichnis unter der jeweiligen Verbalwurzel gelistet.

Verbenverzeichnis

Vorbemerkung

Dieses Verzeichnis ist für das lern- und lesebegleitende Nachschlagen konzipiert und erhebt weder Anspruch auf Vollständigkeit noch will es eine historisch-linguistische Auskunft geben. Es listet in der epischen und klassischen Sprache häufig oder wenigstens an prominenter Stelle belegte Verbalformen unter der jeweiligen Wurzel oder denominativen Basis. Die Lemmata entsprechen dabei nach Möglichkeit der von den indischen Grammatikern und dem *Petersburger Wörterbuch* (PW) angegebenen Form, wobei der Wurzelvokal *ṛ* entgegen der Konvention des PW als solcher wiedergegeben wird. Andere Ansetzungen, auch solche, die auf einer falschen Analyse des Stammes beruhen, wurden der Benutzerfreundlichkeit halber mit Verweis auf die hier verzeichnete Form aufgenommen.
Die Bedeutungsangaben sind so gewählt, dass sie die Grundbedeutung(en) im klassischen Sprachgebrauch abbilden, wofür meist auf das Wörterbuch von Carl Cappeller zurückgegriffen wurde. Die Angaben aus Pāṇinis *Dhātupāṭha* zur Präsensklasse und zum Bedeutungsspektrum sollen dabei ergänzend und kontrastierend die normgrammatische Einteilung andeuten.

Aufbau eines Eintrags

Wurzel/Basis belegte Form der 3. P. Sg. Ind. einer Präsensklasse {entsprechende Vorgabe nach Pāṇini} | ggf. weitere belegte Präsensklasse {ggf. entsprechende Vorgabe nach Pāṇini} PPP »*Bedeutung*« {dhātupāṭha, Stelle[1]} **ind** Indikativ **op** Optativ **ipv** Imperativ **imp** Imperfekt **pf** Perfekt **ppf** periphr. Perfekt **ao** Aorist **inj** Injunktiv **ft** Futur **pft** periphr. Futur **ben** Benediktiv/Prekativ **ps** Passiv **ppa** Partizip Präsens Aktiv **ppfa** Partizip Perfekt Aktiv **gdv** Gerundiv **inf** Infinitiv **abs** Absolutiv/Gerundium **cs** Kausativ **ds** Desiderativ **is** Intensiv [Vereinzelte und unsystematische Bemerkungen]

[1] Stellenangaben werden nur für den *Dhātupāṭha* des Pāṇini nachgewiesen.

aṅk aṅkayati; -te {X PĀ}, aṅkita *»kennzeichnen«* {pade lakṣaṇe ca X, 382}

añc añcati {I PĀ}, añcita *»biegen, verehren«* {gatipūjanayoḥ I, 203; gatau yācane ca I, 915} **cs** añcayati {viśeṣaṇe X, 198} [añcita *»gebogen, verehrt«*, (sam-)ud-akta *»[Wasser aus einem Brunnen] hochgehoben, geleert«*]

añj anakti {VII P}, akta *»salben, schmücken, ehren«* {vyaktimrakṣaṇakāntigatiṣu VII, 21} **op** añjyāt **ipv** anaktu **ps** ajyate **imp** ānak **gdv** añjya, -añjanīya **cs** añjayati **cs ppp** añjita [vy-akta *»deutlich«*, vy-añjita *»deutlich gemacht«*]

aṭ aṭati; -te {I P}, aṭita *»herumstreifen«* {gatau I, 317} **inf** aṭitum **abs** aṭitvā

ad atti {II P}, [jagdha] *»essen«* {bhakṣaṇe II, 1} **ind** admi, atsi, atti, adanti **op** adyāt **ipv** adāni, addhi, attu, adantu **imp** ādam, ādaḥ, ādat, ādan **ao** [aghasat] **ft** atsyati **ps** adyate **gdv** ădya, attavya, adanīya **inf** attum[/jagdhum] **abs** [jagdhvā, -jagdhya] **cs** ādayati **ds** [jighatsati] [unvollständiges Paradigma; fehlende Formen werden durch die der gleichbedeutenden Wurzel ⟶ ghas/jakṣ ergänzt]

adhī ⟶ adhi-i

an aniti {II P}, — *»atmen«* {prāṇane II, 61} **op** anyāt **ipv** anāni, anihi **imp** ānam, ānīḥ/ānaḥ, ānīt/ānat **cs** ānayati [prāṇa m. *»Atem, Leben«*]

anviṣ/anveṣ ⟶ iṣ [1]

abhilaṣ ⟶ laṣ

ay ⟶ i

argh arghati {I P}, arghita *»wert sein«* {mūlye} **gdv** arghya [arghya n. *»Fußwasser«*]

arc arcati {I P}, arcita *»verehren«* {pūjāyām I, 219} **pf** ānarca, ānarcuḥ **ft** arciṣyati **ps** arcyate **gdv** arcya, arcanīya **inf** arcitum **abs** arcitvā, -arcya **cs** arcayati {PĀ X, 266}

arj ⟶ ṛj

arpay ⟶ ṛ

arth arthayate {X Ā}, arthita *»verlangen, bitten«* {upayācanāyām X, 357} **ps** arthyate **gdv** arthitavya, arthanīya **inf** arthayitum **abs** -arthya

arh arhati; -te {I P}, arhita *»dürfen, müssen, können«* {pūjāyām I, 776} **gdv** -arhitavya, arhaṇīya **cs** arhayati *»verehren«* {PĀ X, 192} [kartum arhati *»er/sie/es muss/kann tun«*, na tat śaṃsitum arhati *»das verdient nicht gepriesen zu werden«*]

av avati {I P}, avita *»fördern, schützen«* {rakṣaṇagatikāntiprītitriptyavagamapraveśa-śravaṇasāmarthyayācanakriyecchādīptyavāptyāliṅganahiṃsādānabhāvavṛddhiṣu I, 631} **ipv** avatu/avatāt **pf** āva **inf** avitum

aś [1] aśnoti, aśnute {V Ā}, aṣṭa *»erreichen«* {vyāptau saṃghāte ca V, 18} **op** aśnuvīta **ipv** aśnavai, aśnuṣva, aśnutām **imp** āśnuvi, āśnuthāḥ, āśnuta **pf** ānaṃśa, ānaśuḥ; ānaśe **inf** aśitum **abs** aṣṭvā/aśitvā

aś [2] aśnāti {IX P}, aśita *»essen«* {bhojane IX, 51} **op** aśnīyāt **ipv** aśnāni, aśāna, aśnātu **pf** āśa **ao** āśīt **ft** aśiṣyati **ps** aśyate **gdv** āśya, aśitavya, aśanīya **inf** aśitum **abs** aśitvā, -aśya **cs** āśayati **cs ppp** āśita **ds** aśiśiṣati

as [1] asti {II P}, — *»sein«* {bhuvi II, 56} **ind** asmi, asi, asti, svaḥ, sthaḥ, staḥ, smaḥ, stha, santi **op** syām, syāḥ, syāt, syāva, syātam, syātām, syāma, syāta, syuḥ **ipv** asāni, edhi, astu, asāva, stam, stām, asāma, sta, santu **imp** āsam, āsīḥ, āsīt, āsva, āstam, āstām, āsma, āsta, āsan **pf** āsa, āsitha, āsa, āsiva, āsathuḥ, āsatuḥ, āsima, āsa, āsuḥ

as [2] asyati {IV P}, asta *»werfen«* {kṣepaṇe IV, 100} **pf** āsa, āsitha, āsa, āsiva, āsathuḥ, āsatuḥ, āsima, āsa, āsuḥ **ao** āsthat **ft** asiṣyati **ps** asyate **ps ao** āsi **gdv** astavya, asanīya **inf** asitum **abs** as(i)tvā **cs** āsayati

ah –, – *»sagen«* **pf** āttha (2. Sg.), āha (3. Sg.), āhathuḥ (2. Dual), āhatuḥ (3. Dual), āhuḥ (3. Pl.) [unvollständiges Paradigma; die Formen werden präsentisch und perfektisch gebraucht]

ākarṇay ākarṇayati (Denom.) ākarṇita *»hören«* **inf** ākarṇayitum **abs** ākarṇya [karṇa m. *»Ohr«*]

ākulay ākulayati (Denom.) ākulita *»verwirren«* [ākula *»verwirrt«*]

ādṛ/ādriy ⟶ dṛ [1]

āp āpnoti; āpnute {V P}, āpta *»erreichen«* {vyāptau V, 14} **ind** āpnomi, āpnoṣi, āpnoti, āpnuvaḥ, āpnuthaḥ, āpnutaḥ, āpnumaḥ, āpnutha, āpnuvanti; āpnuve, āpnuṣe, āpnute, āpnuvahe, āpnuvāthe, āpnuvāte, āpnumahe, āpnudhve, āpnuvate **op** āpnuyāt **ipv** āpnavāni, āpnuhi, āpnotu, **imp** āpnot **pf** āpa **ao** āpat **ft** āpsyati **ps** āpyate **ps ao** āpi **gdv** āpya, āptavya, āpanīya **inf** āptum **abs** āptvā, -āpya **cs** āpayati {lambhane X, 295} **cs gdv** āpayitavya **ds** īpsati [häufig mit pra-: su-prāpya/-prāpa *»leicht zu erreichen«*, duṣ-prāpya/-prāpa *»schwer zu erreichen«*]

āpar/āpṛ/āpri ⟶ pṛ

āpyā ⟶ pyā

āmnā ⟶ mnā

āyas ⟶ yas

ārabh *»anfangen«* ⟶ rabh

āliṅg āliṅgati; -te (Denom.) āliṅgita *»umarmen«* **gdv** āliṅganīya **inf** āliṅgitum **abs** āliṅgitvā/āliṅgya **cs** āliṅgayati

ās āste {II Ā}, āsita *»sitzen«* {upaveśane II, 11} **op** āsīta **ipv** āstām [auch *»weg damit!«*, *»genug davon!«*] **imp** āsta **ppf** āsāṃ cakre; cakāra **ao** āsiṣṭa **ft** āsiṣyate **ps** āsyate **ppa** āsīna **gdv** -āsya, āsitavya, āsanīya **inf** āsitum **abs** āsitvā, -āsya [āsana n. *»Sitzen, Sitz«*]

i eti {II P}, ita *»gehen«* {gatau II, 36} **ind** emi, eṣi, eti, ivaḥ, ithaḥ, itaḥ, imaḥ, itha, yanti **op** iyāt **ipv** ayāni, ihi, etu, ayāva, itam, itām, ayāma, ita, yantu **imp** āyam, aiḥ, ait, aiva, aitam, aitām, aima, aita, āyan **pf** iyāya, iyetha, iyāya, īyiva, īyuḥ **ppf** -ayāṃ cakre **ao** [agāt] **ft** eṣyati **pft** etā **ps** īyate **gdv** itya, etavya **inf** etum **abs** itvā, -itya/-īya **cs** āyayati [unvollständiges Paradigma; Aorist wird von der gleichbedeutenden Wurzel ⟶ gā [1] ergänzt]

adhi-i adhīte {II Ā}, adhīta *»lernen, lesen«* {adhyayane II, 37} **op** adhīyīta **ipv** adhyayai, adhīṣva, adhītām, adhyayāvahai, adhīyāthām, adhīyātām, adhyayāmahai, adhīdhvam, adhīyatām **imp** adhyaita, adhyaiyātām, adhyaiyata **ao** adhyaiṣṭa, adhyaiṣātām, adhyaiṣata **ft** adhyeṣyate **ps** adhīyate **cs** adhyāpayati

iṅg iṅgati; -te {I P}, iṅgita *»sich bewegen«* {gatyarthaḥ I, 163} **gdv** iṅgya **cs** iṅgayati

idh/indh inddhe {VII Ā}, iddha *»(ent)flammen«* {dīptau VII, 11} **ind** inddhe, indhate **op** indhīta **ipv** inadhai, intsva, inddhām **imp** ainddha **ft** indhiṣyate **ps** idhyate

iṣ [1] iṣyati {IV P}, iṣita *»antreiben, senden«* {gatau IV, 19} **ao** -aiṣīt **ps** iṣyate **gdv** -eṣyam, -eṣitavya **abs** -iṣya/pra-iṣya = preṣya **cs** iṣayati; -te **cs ppf** -eṣayām āsa [meist mit pra- oder anu-; iṣu m. *»Pfeil«*; preṣaṇa n. *»Absenden; Befehl«*; anveṣa(ṇa) n. *»Suchen«*]

iṣ [2] icchati; -te {VI P}, iṣṭa *»wünschen«* {icchāyām VI, 59} **imp** aicchat **pf** iyeṣa, iyeṣitha, iyeṣa, īṣiva, īṣuḥ; īṣe, īṣire **ao** aiṣīt **ft** eṣiṣyati **ps** iṣyate **gdv** eṣya, eṣitavya/eṣṭavya, eṣaṇīya **inf** eṣṭum **abs** iṣṭvā/eṣitvā, -iṣya **cs** eṣayati **cs ppp** eṣita

īkṣ īkṣate; -ti {I Ā}, īkṣita *»sehen; erwarten«* {darśane I, 641} **imp** aikṣata **ppf** īkṣāṃ cakre; cakruḥ **ao** aikṣiṣṭa **ft** īkṣiṣyate **ps** īkṣyate **ps ao** aikṣi **gdv** -īkṣya, īkṣitavya, īkṣaṇīya **inf** īkṣitum **abs** -īṣya **cs** īkṣayati

īḍ īṭṭe {II Ā}, īḍita *»preisen«* {stutau II, 9} **pf** īḍire **ps** īḍyate **gdv** īḍya **inf** īḍitum

īps ⟶ āp

īr īrte {II Ā}, īrṇa *»bewegen«* {gatau kampane ca II, 8} **gdv** -īraṇīya **cs** īrayati {PĀ kṣepe X, 268} **cs ppp** īrita

īrṣy īrṣyati {I P}, īrṣ(y)ita *»neidisch sein«* {īrṣyārthaḥ I, 544} **gdv** īrṣ(y)itavya [īrṣyā f. *»Neid«*]

īś īṣṭe {II Ā}, īśita *»besitzen, herrschen«* {aiśvarye II, 10} **gdv** īśitavya **inf** īśitum

īh īhate {I Ā}, īhita *»sich bemühen um«* {ceṣṭāyām I, 663} **inf** īhitum

ukṣ ukṣati; -te {I P}, ukṣita *»besprengen«* {secane I, 687} **abs** -ukṣya

uc ucyati {IV P}, ucita *»angemessen, passend sein«* {samavāye IV, 114}

ujjh ujjhati {VI P}, ujjhita *»verlassen, entsenden«* {utsarge VI, 21} **ppf** ujjhāṃ cakāra **abs** ujjhitvā

uttaṃsay uttaṃsayati (Denom.) uttaṃsita *»bekränzen«* [uttaṃsa m. *»Kranz«*]

uñch uñchati {I | VI P}, — *»(Ähren) nachlesen«* {uñche I, 230 | VI, 13} **inf** uñchitum **abs** -uñchya

ud/und unatti {VII P} | undati, utta/unna *»quellen, benetzen«* {kledane VII, 20}

unmūlay unmūlayati (Denom.) unmūlita *»entwurzeln, entthronen«* [mūla n. *»Wurzel; Haupttext (im Gegensatz zum Kommentar)«*]

ubh/umbh umbhati {VI P}, umbhita *»zusammenschnüren, verschließen«* {pūraṇe VI, 32}

uṣ oṣati {I P}, uṣṭa *»verbrennen; züchtigen«* {dāhe I, 727} **imp** auṣat **ao** auṣīt **ps** uṣyate

ūh [1] ūhati, -te, ūḍha/ūhita *»schieben, verändern«* **ps** ūhyate **ps ao** ohi **gdv** ūhya, ūhitavya, ūhanīya **inf** oḍhum/ūhitum **abs** -ūhya **cs** ūhayati

ūh [2] ūhate, -ti {I Ā}, — *»bemerken, erschließen«* {vitarke I, 679} **gdv** ūhitavya **inf** ūhitum **abs** -ūhya

ṛ ṛcchati; -te {I P}, ṛta *»erreichen«* {gatiprāpaṇayoḥ I, 983} **imp** ārchat **pf** āra, āritha, āra, āriva **abs** ṛtvā **cs** arpayati; -te **cs ppp** arpita **cs ppf** arpayām āsa **cs gdv** -arpya, arpayitavya, arpaṇīya

ṛc → arc

ṛj arjati {I P}, arjita *»erwerben«* {arjane I, 242} **gdv** -arjya, arjanīya **inf** arjitum **cs** arjayati, -te {pratiyatne X, 186} **cs abs** arjayitvā

ṛdh ṛdhyati {IV}, ṛddha *»gedeihen«* {vṛddhau IV, 135} **ps** ṛdhyate **cs** ardhayati

edh edhate; -ti {I Ā}, edhita *»wachsen«* {vṛddhau I, 2} **op** edheta **ipv** edhatām **imp** aidhata **pf** edhire **ppf** edhām āsa/babhūva **inf** edhitum **cs** edhayati **ds** edidhiṣate

kaṇḍūy kaṇḍūyati; -te {I PĀ}, kaṇḍūyita *»kratzen; jucken«* {gātravigharṣaṇe} **gdv** kaṇḍūyitavya **inf** kaṇḍūyitum

katth katthate, -ti {I Ā}, katthita *»prahlen«* {ślāghāyām I, 37} **gdv** katthitavya **inf** katthitum **cs** katthayati

kath kathayati {X P}, kathita *»erzählen«* {vākyaprabandhe X, 307} **ppf** kathayām āsa/cakāra **gdv** kathya, kathitavya, kathanīya **inf** kathayitum **abs** kathayitvā

kadarthay kadarthayati (Denom.) kadarthita *»missachten, quälen«* **gdv** kadarthanīya **inf** kadarthayitum [v. kadartha m. *»nichtsnutzige Sache«*]

kandalay kandalayati (Denom.) kandalita *»in Menge hervorbringen«* [v. kandala m. *»Blüte der Kandalī-Pflanze«*]

kam — {I Ā}, kānta *»lieben«* {kāntau I, 470/869} **pf** cakame **cs** kāmayate **cs ppf** kāmayāṃ cakre **cs ft** kāmayiṣyate **cs gdv** kāmya, kāmayitavya, kămanīya [CS ersetzt präs. Formen]

kamp kampate; -ti {I Ā}, kampita *»zittern, beben«* {calane I, 400} **pf** cakampe **ps** kampyate **gdv** kampya, kampanīya **inf** kampitum **abs** kampitvā, -kampya **cs** kampayati, -te

kar → kṛ

kal [1] kalayati; -te {X P}, kalita *»tun, antreiben, bemerken, erkennen, zählen«* {gatau saṃkhyāne ca X, 319} **ppf** kalayām āsa **ao** acakalat **ps** kalyate **gdv** -kalya, -kalanīya **inf** kalayitum [°kalita auch *»versehen mit ...«*, kālena a-kalita *»nicht durch Zeit bestimmt«*.]

kal [2] kālayati {X P}, kālita *»antreiben«* {kṣepe X, 64} **ps** kālyate **inf** kālayitum

kavalay kavalayati (Denom.) kavalita *»verschlucken«* [v. kavala m. *»Bissen«*]

kaṣ kaṣati; -te {I P}, kaṣita *»schaben, kratzen«* {hiṃsārthāḥ I, 716}

kas kasati {I P}, kasita *»sich öffnen«* {gatau I, 913} **pf** cakase **cs** kāsayati **cs ao** acīkasat **cs ps** kāsyate **cs ppp** kāsita **cs gdv** -kāsanīya [vi-kasita *»strahlend, erblüht«*, niṣ-kāsita *»vertrieben«*]

kāṅkṣ kāṅkṣati; -te {I P}, kāṅkṣita *»begehren«* {kāṅkṣāyām I, 698} **pf** cakāṅkṣa **ft** kāṅkṣiṣyati **gdv** -kāṅkṣya, kāṅkṣitavya, kāṅkṣaṇīya **cs** kāṅkṣayate

kāś kāśate; -ti {I Ā} | -kāśyate {IV Ā}, kāśita *»erscheinen, glänzen«* {dīptau I, 678 | IV, 53} **pf** cakāśe **gdv** -kāśya, -kāśayitavya, -kāśanīya **abs** -kāśya **cs** kāśayati [oft: pra-kāś]

kās kāsate; -ti {I Ā}, — *»husten«* {śabdakutsāyām I, 654} [ut-kāsana n. *»Aushusten«*]

kit → cit

kir → kṝ

kisalay kisalayati (Denom.) kisalayita *»sprießen lassen«* [kisala(ya) m. *»Spross«*]

kīrtay kīrtayati (Denom.) kīrtita *»verkünden, rühmen«* **ps** kīrtyate **gdv** kīrtayitavya, kīrtanīya **inf** kīrtayitum **abs** kīrtayitvā [v. kīrti f. *»Erwähnung; Ruhm«*]

kuc/kuñc kuñcate {I P} | kucati {VI P}, ku(ñ)cita *»sich zusammenziehen, krümmen«* {kauṭilyālpībhāvayoḥ I, 200 | saṃkocane IV, 75} **pf** cukoca **ps** kucyate **cs** kocayati/kuñcayati [saṃ-kucita *»zusammengezogen, geschlossen«*]

kuṭṭ kuṭṭayati {X PĀ}, kuṭṭita *»zerquetschen«* {chedanabhartsanayoḥ X, 23; pratāpane X, 162} **ppf** kuṭṭayām āsa **abs** -kuṭṭya

kutsay kutsayati (Denom.) kutsita *»schmähen, tadeln«* **gdv** kutsya, kutsitavya, kutsanīya [kutsā f. *»Tadel«*]

kup kupyati; -te {IV P}, kupita *»zürnen«* {krodhe IV, 122} **pf** cukopa **inj** mā kopiṣṭhāḥ **ps** kupyate **gdv** kopya **abs** kupitvā **cs** kopayati; -te

kuṣ kuṣṇāti {IX P} | kuṣati, kuṣita *»zerren«* {niṣkarṣe IX, 46}

kūj kūjati; -te {I P}, kūjita *»brummen, summen, zwitschern [u. ähnliche Laute]«* {avyakte śabde I, 240} **pf** cukūja; cukūje **ps ao** akūji **gdv** kūjitavya **abs** kūjitvā

kūrd kūrdati; -te {I PĀ}, kūrdita *»hüpfen«* {krīḍāyām} **pf** cukūrda

kṛ karoti; kurute {VIII PĀ}, kṛta *»machen, tun«* {karaṇe VIII, 10} **ind** karomi, karoṣi, karoti, kurvaḥ, kuruthaḥ, kurutaḥ, kurmaḥ, kurutha, kurvanti; kurve, kuruṣe, kurute, kurvahe, kurvate **op** kuryāt; kurvīta **ipv** karavāṇi, kuru, karotu, karavāva, kurvantu; karavai, kuruṣva, kurutām, karavāmahai, kurvatām **imp** akaravam, akaroḥ, akarot, akurva, akurvan; akurvi, akuruthāḥ, akuruta, akurvahi, akurvata **pf** cakāra, cakruḥ; cakre **ao** akārṣam, akārṣīḥ, akārṣīt, akārṣva, akārṣṭam, akārṣṭām, akārṣma, akārṣṭa, akārṣuḥ; akṛṣi, akṛthāḥ, akṛta, akṛṣvahi, akṛṣata **ft** kariṣyati; kariṣyate **pft** kartā **ps** kriyate **ps ao** akāri **gdv** kṛtya/kārya, kartavya, karaṇīya **inf** kartum **abs** kṛtvā, -kṛtya **cs** kārayati **cs imp** akārayat **cs ppf** kārayām āsa **cs ao** acīkarat **cs gdv** kārayitavya, -kāraṇīya **ds** cikīrṣati [adhi-kṛtya *»in Bezug auf, in Betreff von«*; einige Ableitungen auf → S. 29]

kṛt kṛntati {VI P} | kartati, kṛtta *»schneiden«* {chedane VI, 141} **pf** cakarta, cakartitha, cakartuḥ; cakartire **ft** kartiṣyati **ps** kṛtyate **gdv** kartya, karttavya **inf** kartitum **abs** kartitvā, -kṛtya **cs** kartayati **ds** cikartiṣati

kṛś kṛśyati {IV P}, kṛśita *»abmagern«* {tanūkaraṇe IV, 117} **cs** karśayati **cs ppp** karśita [kṛśa *»dünn, schwach«*]

kṛṣ karṣati; -te {I P} | kṛṣati; -te {VI PĀ}, kṛṣṭa *»ziehen, pflügen«* {vilekhane I, 1039 | VI, 6} **pf** cakarṣa, cakarṣitha, cakarṣa, cakṛṣiva **ft** krakṣyati **ps** kṛṣyate **gdv** kraṣṭavya, karṣaṇīya **inf** kraṣṭum **abs** kṛṣṭvā, -kṛṣya **cs** karṣayati

kṝ kirati {VI P}, kīrṇa *»ausstreuen«* {vikṣepe VI, 116} **op** kīryāt **pf** cakāra, cakaruḥ; cakre **ft** kariṣyati **ps** kīryate **gdv** -kīrya **abs** -kīrya **cs** -kīrayati **cs op** -kīrayet

kḷp kalpate {I Ā}, kḷpta *»passend/fähig sein«* {sāmarthye I, 799} **pf** cakḷpe **ft** kalpiṣyate **gdv** kalpya, kalpitavya, kalpanīya **cs** kalpayati; -te **cs ao** acīkḷpat

cs gdv kalpayitavya

krand krandati; -te {I PĀ}, krandita *»wiehern, brüllen, schreien, tönen«* {āhvāne rodane ca I, 71} **pf** cakranda **ao** akrandīt **ps** krandyate **gdv** -krandanīya **inf** kranditum **cs** krandayati {PĀ sātatye X, 188}

kram krāmati; kramate {I PĀ}, krānta *»schreiten«* {pādavikṣepe I, 502} **pf** cakrāma, cakramuḥ; cakrame **ao** akramīt **ft** kramiṣyati; -te **ps** kramyate **gdv** -kramya, -kramitavya, -kramaṇīya **inf** krāntum/kramitum **abs** krāntvā/kramitvā, -kramya **cs** krămayati **cs gdv** -krāmya, -krāmayitavya **ds** cikramiṣati **is** caṅkramīti; caṅkramyate

krī krīṇāti; krīṇīte {IX PĀ}, krīta *»kaufen«* {dravyavinimaye IX, 1} **pf** cikrāya **ft** kreṣyati; -te **ps** krīyate **gdv** kreya/krayya, kretavya **inf** kretum **abs** krītvā, -krīya **ds** cikrīṣate

krīḍ krīḍati; -te {I P}, krīḍita *»spielen, scherzen«* {vihāre I, 373} **pf** cikrīḍa; cikrīḍe **ft** krīḍiṣyati **inf** krīḍitum **abs** krīḍitvā, -krīḍya **cs** krīḍayati/krīḍāpayati

krudh krudhyati; -te {IV P}, kruddha *»zürnen«* {kope IV, 80} **pf** cukrodha, cukrudhuḥ **ps** krudhyate **gdv** krodhanīya **inf** kroddhum

kruś krośati; -te {I P}, kruṣṭa *»schreien, wehklagen«* {āhvāne rodane ca I, 909} **pf** cukrośa **ft** krokṣyati **ps** kruśyate **inf** kroṣṭum **cs** krośayati

klam klāmyati {IV P}, klānta *»ermüden«* {glānau IV, 98} **pf** caklame **cs** klāmayati

klid klidyate; -ti {IV Ā}, klinna *»nass werden«* {ārdrībhāve IV, 132} **gdv** kledya **cs** kledayati

kliś kliśyati {IV P} | kliśnāti {IX P}, kliṣṭa *»quälen«* {upatāpe IV, 52a | vibādhane IX, 50} **pf** cikleśa **ps** kliśyate **abs** kliṣṭvā, -kliśya **cs** kleśayati

kvaṇ kvaṇati {I P}, kvaṇita *»tönen«* {śabdārthāḥ I, 477} **cs** kvaṇayati

kvath kvathati; -te {I P}, kvathita *»sieden«* {niṣpāke I, 899} **cs** kvāthayati **cs ps** kvāthyate **cs gdv** kvāthayitavya

kṣan kṣaṇoti; kṣaṇute {VIII PĀ}, kṣata *»verwunden«* {hiṃsāyām VIII, 3} **inf** kṣantum **abs** kṣa(ṇi)tvā

kṣap kṣapati; -te, — *»sich kasteien«* **inf** kṣapitum

kṣam kṣamate; -ti {I Ā} | kṣamyate {IV P}, kṣānta/kṣamita *»erdulden; verzeihen«* {sahane I, 469 | IV, 97} **pf** cakṣame; cakṣāma **ft** kṣaṃsyati/kṣamiṣyati **ps** kṣamyate **gdv** kṣāmya, kṣamitavya/kṣantavya, kṣamaṇīya **inf** kṣantum **cs** kṣamayati/kṣamāpayati

kṣar kṣarati; -te {I P}, kṣarita *»fließen«* {saṃcalane I, 904} **pf** cakṣāra **cs** kṣārayati

kṣal kṣālayati {X PĀ}, kṣālita *»waschen«* {śaucakarmaṇi X, 57} **ppf** kṣālayām āsa/cakāra **gdv** kṣālya **inf** kṣālayitum **abs** kṣālayitvā, -kṣālya

kṣi kṣayati {I P} | kṣiṇoti {V P}, kṣita/kṣīṇa *»zerstören, schwinden«* {kṣaye I, 255 | hiṃsāyām V, 30} **ft** kṣayiṣyati **ps** kṣīyate **gdv** (a-)kṣay(y)a, **inf** kṣetum **cs** kṣayayati/kṣapayati **cs ppp** kṣayita/kṣapita **cs gdv** kṣayayitavya/kṣapayitavya

kṣip kṣipati; -te {VI PĀ}, kṣipta *»werfen«* {preraṇe VI, 5} **ipv** kṣipāṇi; kṣipai **pf** cikṣepa, cikṣipe **ft** kṣepsyati; -te **ps** kṣipyate **gdv** kṣepya, kṣeptavya

inf kṣeptum **abs** kṣiptvā, -kṣipya **cs** kṣepayati **ds** cikṣipsati

kṣudh kṣudhyati {IV P}, kṣudhita *»hungrig sein«* {bubhukṣāyām IV, 81}

kṣubh kṣubhyati; -te {IV P}, kṣubdha/kṣubhita *»zittern«* {saṃcalane IV, 129} **pf** cukṣobha; cukṣubhe **gdv** kṣobhya **cs** kṣobhayati; -te

khaṇḍ khaṇḍayati {X PĀ}, khaṇḍita *»zerstückeln; widerlegen«* {bhedane X, 44} **gdv** khaṇḍya, khaṇḍitavya, khaṇḍanīya

khan/khā khanati; -te {I PĀ}, khāta *»graben«* {avadāraṇe I, 927} **pf** cakhāna, cakhnuḥ **ft** khaniṣyati **ps** khanyate/khāyate **gdv** -kheya, khananīya **inf** khanitum **abs** khātvā/khanitvā, -khāya **cs** khānayati

khād khādati {I P}, khādita *»essen«* {bhakṣaṇe I, 50} **pf** cakhāda **ft** khādiṣyate **ps** khādyate **gdv** khādya, khāditavya, khādanīya **inf** khāditum **abs** khāditvā **cs** khādayati **ds** cikhādiṣati

khid khidyate; -ti {IV Ā}, khinna *»niedergeschlagen sein«* {dainye IV, 61} **ps** khidyate **gdv** kheditavya **cs** khedayati; -te **cs gdv** khedayitavya

khyā khyāti {II P}, khyāta *»erzählen; sichtbar werden«* {prakathane II, 51} **ipv** khyāhi, khyātu **pf** cakhyau, cakhyuḥ **ao** akhyat **ft** khyāsyati; -te **ps** khyāyate **gdv** -khyeya, -khyātavya **inf** khyātum **abs** -khyāya **cs** khyāpayati; -te **cs ps** khyāpyate **cs gdv** khyāpayitavya, khyāpanīya **ds** cikhyāsati **ds ppp** cikhyāsita [ākhyāta *»genannt«*, ākhyāna n. *»Erzählung«*]

gacch ⟶ gam

gaṇ gaṇayati; -te {X PĀ}, gaṇita *»zählen; erwägen; halten für«* {saṃkhyāne X, 309} **ppf** gaṇayām āsa/cakāra **ao** ajīgaṇat **ps** gaṇyate **gdv** gaṇya, gaṇayitavya, gaṇanīya **inf** gaṇayitum **abs** gaṇayitvā, -gaṇayya

gad gadati {I P}, gadita *»sprechen«* {vyaktāyāṃ vāci I, 53} **pf** jagāda; jagade **ft** gadiṣyati; -te **ps** gadyate **ps ao** agādi **gdv** gadya **inf** gaditum **abs** gaditvā **cs** gādayati {PĀ devaśabde X; 314} **ds** jigadiṣati **is** jāgadyate

gam gacchati; -te {I P}, gata *»gehen«* {gatau I, 1031} **pf** jagāma, jagmuḥ; jagme **ao** agamat **ft** gamiṣyati; -te **pft** gantā **ps** gamyate **ps ao** agami **ppfa** jagmivāṃs **gdv** gamya, gantavya, gamanīya **inf** gantum **abs** gatvā, -gamya/-gatya **cs** gamayati **cs ao** ajīgamat **cs gdv** gamayitavya **ds** jigamiṣati **is** jaṅganti, **is ps** jaṅgamyate

garj garjati; -te {I P}, garjita *»brüllen, donnern«* {śabde I, 244} **pf** jagarja **inf** garjitum **abs** garjitvā, -garjya

garh garhate; -ti {I Ā} | garhayate; -ti {X ĀP}, garhita *»tadeln«* {kutsāyām I, 667 | vinindane X, 301} **pf** jagarhe; jagarha **ft** garhiṣyate; -ti **ps** garhyate **gdv** garhya, garhitavya, garhaṇīya **inf** garhitum **abs** garhitvā, -garhya

gal galati {I P}, galita *»herabfallen; verschwinden«* {adane I, 579} **inf** galitum **cs** gālayati {Ā sravaṇe X, 160} **is** galgalyate

galbh (pra-)galbhate {I Ā}, (pra-)galbhita *»entschlossen sein, wagen«* {dhārṣṭye I, 419} **pf** -jagalbhe

gā [1] *»gehen«* {gatau I, 998} **ao** agāt [substituiert die Aorist-Formen der Wurzel → i]

gā [2] → gai

gāh gāhate; -ti {I Ā}, gāḍha/gāhita *»eintauchen«* {viloḍane I, 680} **pf** jagāhe **ft** gāhiṣyate **ps** gāhyate **inf** gāhitum **abs** gāhitvā, -gāhya **cs** gāhayati

gir/gil → gṝ

gup gopāyati | — {I P}, gupta/gopita/gopāyita *»hüten; verbergen«* {rakṣaṇe I, 422} **pf** jugopa, jugupuḥ **ft** gopsyati **ps** gupyate/gopyate **gdv** gopya, goptavya/gopāyitavya, gopanīya **inf** gop(i)tum/gopāyitum **abs** guptvā/gopāyitvā **ds** jugupsate; -ti *»sich hüten vor«* **ds ppp** jugupsita [gopa m. *»Kuhhirte«*]

guh gūhati; -te {I PĀ}, gūḍha *»verbergen«* {saṃvaraṇe I, 944} **pf** jugūha; juguhe, jugūhire **ao** aghukṣat **ps** guhyate **gdv** guhya/-gohya, gūhitavya **inf** gūhitum **abs** -guhya **cs** gūhayati

gṛdh gṛdhyati {IV P}, gṛddha *»gierig sein«* {abhikāṅkṣāyām IV, 136} **pf** jagṛdhuḥ **cs** gṛddhvā

gṛh → grah

gṝ [1] gṛṇāti; gṛṇīte {IX PĀ} | girate; -ti, gīrṇa *»preisen; verkünden«* {śabde IX, 28}

gṝ [2] girati/gilati; girate {VI PĀ}, gīrṇa/gilita *»verschlingen«* {nigaraṇe VI, 117} **pf** jagāra **ft** gariṣyati **ps** gīryate **inf** garītum

gai gāyati; -te {I P}, gīta *»singen«* {śabde I, 965} **pf** jagau; jage **ao** agāsīt **ft** gāsyati **ps** gīyate **gdv** geya, gātavya **inf** gātum **abs** gītvā, -gīya **cs** gāpayati; -te

gopay/gopāy → gup

grath/granth grathnāti {IX P}, grathita *»zusammenbinden, verfassen«* {saṃdarbhe IX, 41} **pf** jagrantha **ps** grathyate **gdv** grathya, grathitavya, grathanīya **inf** grathitum **abs** granthitvā, -grathya **cs** grathayati; granthayate {PĀ bandhane X, 282}

grabh → grah

gras grasate; -ti {I Ā}, grasta *»verschlingen«* {adane I, 661} **pf** jagrase **ao** agrasīt **ft** grasiṣyati; -te **ps** grasyate **gdv** grasya, grasanīya **inf** gras(i)tum **abs** gras(i)tvā, -grasya, grāsam **cs** grāsayati {PĀ grahaṇe X, 209}

grah gṛhṇāti; gṛhṇīte {IX PĀ}, gṛhīta *»greifen«* {upādāne IX, 61} **ipv** gṛhāṇa, gṛhṇātu **pf** jagrāha, jagṛhuḥ; jagṛhe **ao** agrahīt; agrahīṣṭa **ft** grahīṣyati; -te **pft** grahītā **ps** gṛhyate **gdv** gṛhya, grahītavya/gṛhītavya, grahaṇīya **inf** grahītum **abs** gṛhītvā *»mit«*, -gṛhya **cs** grāhayati; -te **cs ao** ajigrahat **cs gdv** grāhya **ds** jighṛkṣati; -te

glai glāyati; -te {I P} | glāti, glāna *»erschöpft, verdrossen, entmutigt sein«* {harṣakṣaye I, 952} **inj** mā glāsīḥ **cs** glāpayati

ghaṭ ghaṭate; -ti {I Ā}, ghaṭita *»sich bemühen; sich ereignen«* {ceṣṭāyām I, 800} **pf** jaghaṭe **ft** ghaṭiṣyate **inf** ghaṭitum **cs** ghāṭayati; ghaṭayate *»verfertigen«* {saṃghāṭe X, 183; bhāṣārthāḥ X, 226} **cs gdv** ghaṭayitavya, -ghāṭanīya **is** jāghaṭīti [na ghaṭate *»ist nicht passend«*]

ghaṭṭ ghaṭṭayati {X PĀ}, ghaṭṭita *»schütteln«* {calane X, 87} **pf** jaghaṭṭire **ps** ghaṭṭyate

gharṣ ⟶ ghṛṣ

ghas/jakṣ — {I P} | jakṣiti {II P} | jakṣati, jagdha *»essen, verschlingen«* {[ghas] adane I, 747 | [jakṣ] bhakṣahasanayoḥ II, 62} **ipv** jagdhi **ao** aghasat **inf** jagdhum **abs** jagdhvā **ds** jighatsati [ergänzt in einigen Formen das unvollständige Paradigma der Wurzel ⟶ ad]

ghātay ghātayati; -te (Denom.) ghātita *»schlagen«* **gdv** ghātya, ghātanīya [ghāta m. *»Schlag«*]

ghuṣ ghoṣati; -te {I PĀ}, ghuṣṭa *»tönen«* {aviśabdane I, 683} **ps** ghuṣyate **gdv** ghuṣya **abs** -ghuṣya **cs** ghoṣayati {PĀ viśabdane X, 187} **cs ps** ghoṣyate **cs gdv** ghoṣaṇīya

ghūrṇ ghūrṇati {VI P} | ghūrṇate {I Ā}, ghūrṇita *»schwanken«* {bhramaṇe VI, 49 | I, 465} **pf** jughūrṇa; -ṇe **cs** ghūrṇayati

ghṛṣ gharṣati; -te {I P}, ghṛṣṭa *»reiben, zerreiben«* {saṃgharṣe I, 740} **pf** jagharṣa **ps** ghṛṣyate **abs** ghṛṣṭvā, -ghṛṣya **cs ppp** gharṣita

ghrā jighrati; -te {I P}, ghrāta *»riechen«* {gandhopādāne I, 973} **pf** jaghrau **ps** ghrāyate **gdv** ghreya, ghrātavya **inf** ghrātum **abs** jighritvā, -ghrāya/-jighrya **cs** ghrāpayati

cakās cakāsti {II P}, cakāsita *»strahlen«* {dīptau II, 65}

cakṣ caṣṭe {II Ā} | cakṣati; -te, — *»erblicken; verkünden«* {vyaktāyāṃ vāci II, 7} **ind** cakṣe, cakṣe, caṣṭe, cakṣmahe, caḍḍhve, cakṣate | cakṣati; -te **pf** cacakṣe **ft** cakṣyate **inf** caṣṭum **abs** -cakṣya **cs** cakṣayati **cs ppp** cakṣita

cam camati/(ā-)cāmati {I P}, cānta *»schlürfen«* {adane I, 497/869} **pf** cacāma, cemuḥ **ft** camiṣyati **gdv** cāmya **abs** (ā-)camya **cs** cāmayati

car carati; -te {I P}, carita *»sich bewegen, gehen, ausüben«* {gatyarthāḥ I, 591} **pf** cacāra, cacartha, ceruḥ; cere **ft** cariṣyati; -te **ps** caryate **gdv** carya/-cārya, car(i)tavya, caraṇīya **inf** car(i)tum **abs** caritvā, -carya **cs** cārayati; -te {PĀ saṃśaye X, 205} **cs ppf** cārayām āsa **cs ao** acīcarat **cs ps** cāryate **cs gdv** -cārayitavya, -cāraṇīya [ā-cāra m. *»(gutes) Benehmen«*]

carc carcayati {X PĀ}, carcita *»lesen, erwähnen«* {adhyayane X, 172} [ursprünglich: *»(ein Wort bei der schulmäßigen Rezitation des Veda) wiederholen«*, candana-carcita *»mit Sandel bedeckt o. bestrichen«*.]

carv carvayati; -te {X PĀ}, carvita/cūrṇa *»kauen, schmecken«* {adane I, 610} **ps** carvyate **gdv** carvya

cal calati {I | VI P}, calita *»in Bewegung kommen, zittern«* {kampane I, 850/885 | vilasane VI, 64} **pf** cacāla, celuḥ **ft** caliṣyati **gdv** calitavya **inf** calitum **cs** calayati/cālayati; -te {PĀ bhṛtau X, 68} **cs gdv** cālya **ds** cicaliṣati

ci cinoti; cinute {V PĀ}, cita *»sammeln; bemerken«* {cayane V, 5} **ind** cinoti, cinvati; cinute **pf** cikāya; cikye, cikyire **ft** ceṣyati; -te **pft** cetā **ps** cīyate **gdv** cayanīya **inf** cetum **abs** citvā, -citya **cs** cāyayate {PĀ X, 68} **ds** cikīṣate/cicīṣati

cikits ⟶ cit

cit cetati {1 P}, *»wahrnehmen«* {saṃjñāne I, 39} **pf** ciketa/ciceta **cs** cetayati {Ā saṃcetane X, 135} **cs gdv** cetayitavya **ds** cikitsati; -te *»beabsichtigen; heilen«*

{P jñāne III, 20; P nivāse rogāpanayane ca I, 1042} **ds cs** cikitsayati *»heilen«* **ds cs gdv** cikitsya, cikitsanīya [cit f. *»Bewusstsein«*; citta n. *»der Geist«* i. S. v. *»das Denken«*; cikitsā f. *»Heilkunde«*]

citr citrayati {X PĀ}, citrita *»bunt machen, zeichnen«* {citrakaraṇe X, 370}

citrīy citrīyate (Denom.) – *»erstaunen«* [citra *»bunt; wunderbar«*, n. *»Schmuck, Bild; Wunder«*]

cint cintayati; -te {X PĀ}, cintita *»(be)denken«* {smṛtyām X, 2} **ppf** cintayām āsa/cakāra **ft** cintayiṣyati **ps** cintyate **gdv** cintya, cintayitavya, cintanīya **inf** cintayitum **abs** cintayitvā, -cintya [cintā f. *»Sorge«*]

ciray cirāyati (Denom.) cirāyita *»zögern, säumen«* [v. cira *»lang (Zeit)«*]

cihnay cihnayati (Denom.) cihnita *»(kenn)zeichnen«* [cihna n. *»Zeichen, Merkmal«*]

cud codayati; -te {X PĀ}, codita *»antreiben«* {saṃcodane X, 53} **ppf** codayām āsa **ps** codyate **gdv** codya, codayitavya, codanīya **inf** codayitum **abs** codayitvā, -codya [in der Rechtslit. auch: *»vorschreiben«*, vidhi-codita *»durch eine Regel vorgeschrieben«*]

cumb cumbati {I P}, cumbita *»küssen«* {vaktrasaṃyoge I, 456} **pf** cucumba **ps** cumbyate **inf** cumbitum **abs** -cumbya **ds** cucumbiṣati

cur corayati {X PĀ}, corita *»stehlen«* {steye X, 1} **ppf** corayāṃ cakāra **ao** acūcurat **ps** coryate **gdv** corayitavya **abs** corayitvā

cūrṇ cūrṇayati {X PĀ}, cūrṇita *»zerreiben«* {preraṇe X, 18; saṃkocane X, 100} **ppf** cūrṇayām āsa **abs** cūrṇayitvā

ceṣṭ ceṣṭati; -te {I Ā}, ceṣṭita *»sich regen, sich abmühen«* {ceṣṭāyām I, 275} **pf** ciceṣṭa **gdv** ceṣṭitavya **inf** ceṣṭitum **abs** ceṣṭitvā **cs** ceṣṭayati; -te

cyu cyavate; -ti {I Ā}, cyuta *»fortgehen, herabfallen«* {gatau I, 1004} **inf** cyavitum **cs** cyāvayati; -te {PĀ hasane X, 206}

cyut cyotati {I P}, cyotita *»träufeln«* {āsecane I, 40}
⟶ śc(y)ut

chad chādayati; -te {X PĀ}, channa/chādita *»verhüllen, verbergen«* {āchādane X, 290} **ppf** chādayām āsa/cakāra **ft** chādayiṣyati **ps** chādyate **gdv** chādya **inf** chādayitum **abs** chādayitvā, -chādya

chid chinatti {VII PĀ}, chinna *»(ab)schneiden«* {dvaidhīkaraṇe VII, 3} **ind** chinatti, chindanti **pf** ciccheda; cicchide **ao** acchidat/acchaitsīt **ft** chetsyati; -te **ps** chidyate **gdv** chedya, chettavya, chedanīya **inf** chettum **abs** chittvā, -chidya **cs** chedayati

jakṣ/jagh ⟶ ghas/jakṣ, ⟶ ad

jan jāyate; -ti {IV Ā}, jāta *»geboren werden, entstehen«* {prādurbhāve IV, 41} **pf** jajñe; jajāna, jajñuḥ **ao** ajaniṣṭa **ft** janiṣyate **pft** janitā **ps** janyate; -ti **ps ao** ajani **gdv** janya, janitavya, jananīya **inf** janitum **abs** jātvā/janitvā, -janya **cs** janayati; -te **cs ao** ajījanat **cs gdv** janayitavya **ds** jijaniṣate [punar-janman m. *»Wiedergeburt«*]

jap japati; -te {I P}, jap(i)ta *»flüstern«* {vyaktāyāṃ vāci I, 424} **pf** jajāpa, jepuḥ **ft** japiṣyati **ps** japyate **gdv** japya/jāpya, japtavya, japanīya **inf** jap(i)tum **abs** jap(i)tvā

jalp jalpati; -te {I P}, jalpita *»murmeln, klagen«* {vyaktāyāṃ vāci I, 425} **pf** jajalpa; jajalpire **ps** jalpyate **inf** jalpitum

jā → jan

jāgṛ jāgarti {II P}, jāgarita *»(er)wachen«* {nidrākṣaye II, 63} **ind** jāgarti, jāgṛtaḥ, jāgrati **ipv** jāgarāṇi, jāgṛhi, jāgartu **imp** ajāgaram, ajāgaḥ, ajāgaḥ, ajāgṛtām, ajāgaruḥ **pf** jajāgāra **ppf** jāgarām āsa/cakāra **ft** jāgariṣyati **gdv** jāgarya, jāgaritavya, jāgaraṇīya **cs** jāgarayati

ji jayati; -te {I P}, jita *»(be)siegen«* {abhibhave I, 593; jaye I, 993} **pf** jigāya, jigyiva, jigyuḥ; jigye **ao** ajaiṣīt **ft** jeṣyati; -te **ps** jīyate **gdv** jeya, jetavya **inf** jetum **abs** jitvā, -jitya **cs** jāpayati **ds** jigīṣati

jīr → jṝ

jīv jīvati; -te {I P}, jīvita *»leben«* {prāṇadhāraṇe I, 594} **pf** jijīva, jijīvuḥ **ao** ajīvīt **ft** jīviṣyati **ps** jīvyate **gdv** -jīvya, jīvitavya, jīvanīya **inf** jīvitum **abs** jīvitvā, -jīvya **cs** jīvayati **ds** jijīviṣati; -te [jīvana n. *»Leben«*, jīva/jīvātman m. *»Seele«*]

juṣ juṣate; -ti {VI Ā}, juṣṭa *»sich erfreuen (an), bewohnen«* {prītisevanayoḥ VI, 8} **pf** jujuṣe; jujoṣa **cs** joṣayate; -ti {PĀ paritarpaṇe X, 291} [ratna-juṣṭa *»mit Juwelen versehen«*]

jṛmbh jṛmbhate; -ti {I Ā}, jṛmbhita *»gähnen, sich öffnen«* {gātravināme I, 416} **pf** jajṛmbhe **abs** jṛmbhitvā **cs** jṛmbhayati **is** jarījṛmbhate

jṝ jīryati; -te {IV P}, jīrṇa *»altern«* {vayohānau IV, 22} **pf** jajāra **ps** jīryate **abs** jarı̄̆tvā **cs** jarayati; -te {PĀ X, 272}

jñā jānāti; jānīte {IX PĀ}, jñāta *»(er)kennen«* {avabodhane IX, 36} **pf** jajñau; jajñe **ao** ajñāsīt **ft** jñāsyati; -te **pft** jñātā **ps** jñāyate **ps ao** ajñāyi **gdv** jñeya, jñātavya **inf** jñātum **abs** jñātvā, -jñāya **cs** (ā-)jñāpayati/jñapayati; jñapayate *»mitteilen, befehlen«* {jñāne jñāpane ca X, 81; niyoge X, 193} **cs ao** ajijñapat **cs ppp** jñāpita/jñapta **cs gdv** jñāpya, jñāpayitavya, jñāpanīya **ds** jijñāsate; -ti [(vi-)jñāna n. *»Wissen, Erkenntnis«*]

jvar jvarayati {X P}, jvarita *»fiebern«* {roge I, 813}

jval jvalati; -te {I P}, jvalita *»brennen, leuchten«* {dīptau I, 842/867/884} **pf** jajvāla **ao** ajvalīt **ft** jvaliṣyati **abs** jvalitvā, -jvalya **cs** jvălayati **is** jājvalīti

ṭaṅk ṭaṅkayati {X P}, ṭaṅkita *»binden, meißeln«* {bandhane X, 97} **ps ao** aṭaṅki [uṭ-ṭaṅkita *»(Münze) geprägt, gestempelt, charakterisiert«*]

ḍamb (vi-)ḍambayati {X PĀ}, (vi-)ḍambita *»nachahmen; verspotten«* {viḍambane} **ps** (vi-)ḍambyate **gdv** (vi-)ḍambya [vi-ḍamba m. *»Spott, Imitation«*]

ḍhauk ḍhaukate {I Ā}, ḍhaukita *»sich nähern«* {gatyarthaḥ I, 98} **pf** ḍuḍhauke **cs** ḍhaukayati *»herbeischaffen, darreichen«*

takṣ takṣati {I P}, taṣṭa *»(Holz) bearbeiten, verfertigen«* {tanūkaraṇe I, 685; tvacane

I, 695} **pf** tatakṣa **ps** takṣyate **abs** takṣitvā/taṣṭvā, -takṣya **cs** takṣayati [takṣan m. *»Zimmermann«*]

taḍ tāḍayati {X PĀ}, tāḍita *»schlagen, verwunden«* {āghāte X, 43} **pf** tatāḍa **ft** tāḍayiṣyati **ps** tāḍyate **gdv** tāḍya, tāḍanīya

tan tanoti; tanute {VIII PĀ}, tata *»(sich) dehnen, ausbreiten«* {vistāre VIII, 1} **pf** tatāna, tenuḥ; tene **ao** atānīt **ft** taniṣyati; -te **pft** tāyitā **ps** tanyate/tāyate **abs** tatvā, -tatya/-tāya [vi-tan *»ausbreiten, verfassen«*]

tap tapati; -te {I P} | tapyati; -te {IV Ā}, tap(i)ta *»brennen; leiden«* {saṃtāpe I, 1034 | aiśvarye IV, 51} **pf** tatāpa; tepe **ft** tapsyati/tapiṣyati; tapsyate **pft** taptā **ps** tapyate **gdv** tapya, taptavya, tapanīya **inf** taptum **abs** taptvā, -tapya **cs** tāpayati {PĀ dāhe X, 275} **cs ao** atītapat

tapasy tapasyati (Denom.) — *»sich kasteien, Askese üben«* [tapas n. *»Askese«*]

tam tāmyati; -te {IV P}, tānta *»ermatten, vergehen«* {kāṅkṣāyām IV, 93} **pf** tatāma **cs** tamayati

tar ⟶ tṝ

taraṅg taraṅg(ay)ati; -te (Denom.) taraṅgita *»wogen«* [taraṅga m. *»Welle«*]

taralay taralayati (Denom.) taralita *»(sich) hin und her bewegen«* [tarala adj. *»unbeständig«*]

tark tarkayati; -te {X PĀ}, tarkita *»vermuten«* {bhāṣārthaḥ X, 240} **ppf** tarkayām āsa/cakāra **ps** tarkyate **gdv** -tarkya, tarkaṇīya **inf** tarkayitum **abs** tarkayitvā, -tarkya [tarka m. *»kritische Prüfung«*]

tarj tarjati; -te {I P}, tarjita *»(be)drohen«* {bhartsane I, 245} **abs** -tarjya **cs** tarjayati {Ā saṃtarjane X, 142}

tā ⟶ tan

tikṣ ⟶ tyaj

tij tejate {I Ā}, tikta *»scharf sein; schärfen«* {niśāne I, 1020} **cs** tejayati {PĀ X, 110} **cs ppp** tejita

timiray timirayati (Denom.) — *»verfinstern«* [v. timira n. *»Finsternis«*]

tiray tirayati (Denom.) — *»verhüllen«* [tirohita *»verborgen«*]

tilakay tilakayati (Denom.) tilakita *»kennzeichnen, schmücken«* [tilaka n. *»Körpermal; Sektenzeichen«*]

tīray tīrayati (Denom.) tīrita *»vollenden«* [tīra n. *»Ufer«*]

tud tudati; -te {VI PĀ}, tunna *»stoßen, stechen«* {vyathane VI, 1} **pf** tutoda **ps** tudyate **gdv** todya **cs** todayati

tul tolayati/tulayati; tulayate {X PĀ}, tolita/tulita *»prüfen, vergleichen; gleichkommen«* {unmāne X, 59} **ppf** tolayām āsa **ps** tolyate/tulyate **gdv** tolya/tulya **abs** tolayitvā/tulayitvā [tulā f. *»Waage«*]

tuṣ tuṣyati; -te {IV P}, tuṣṭa *»zufrieden sein«* {prītau IV, 75} **pf** tutoṣa **ps** tuṣyate **gdv** -toṣya, -toṣṭavya, -toṣaṇīya **inf** toṣṭum **abs** -tuṣya **cs** toṣayati **cs ppf** toṣayām āsa **cs ps** toṣyate **cs gdv** toṣayitavya [saṃtoṣa m. *»Zufriedenheit«*]

tūr ⟶ tvar

tṛp tṛpyati; -te {IV P}, tṛpta *»satt o. befriedigt werden, genießen«* {prīṇane IV, 86} **pf** tatarpa, tatṛpiva **ps** tṛpyate **cs** tarpayati; -te {PĀ tṛptau X, 276} **cs ao** atītṛpat [tarpaṇa n. *»Wasserspende«*]

tṛṣ tṛṣyati {IV P}, tṛṣita *»dürsten«* {pipāsāyām IV, 118} **cs** tarṣayati **cs ppp** tarṣita [tṛṣṇā f. *»Durst«*]

tṝ tarati; -te {I P}, tīrṇa *»über etwas (eig. ein Gewässer) setzen, entkommen, meistern«* {plavanataraṇayoḥ I, 1018} **pf** tatāra, teruḥ; tatare **ao** atārṣīt/atārīt **ft** tariṣyati; -te **ps** tīryate **gdv** tārya, tar(i)tavya, taraṇīya **inf** tar(ī̆)tum **abs** tīrtvā, -tīrya **cs** tārayati; -te **cs gdv** tāraṇīya **ds** titīrṣati [tārā f. *»Stern«*]

tyaj tyajati; -te {I P}, tyakta/tyajita *»verlassen, entsenden, (Pfeil) abschießen«* {hānau I, 1035} **pf** tatyāja; tatyaje **ao** atyākṣīt **ft** tyakṣyati/tyajiṣyati; -te **ps** tyajyate **gdv** tyājya, tyaktavya, tyajanīya **inf** tyaktum **abs** tyaktvā, -tyajya [oft nur: *»ohne, außer«*] **cs** tyājayati **ds** titikṣati; -te *»erdulden«* **ds ipv** titikṣasva [tyāga m. *»Aufgeben, Verlassen«*]

trap trapate; -ti {I Ā}, trapta *»sich schämen«* {lajjāyām I, 399} **gdv** -trapaṇīya **cs** trapayati [trapā f. *»Scham«*]

tras trasati; -te | trasyati; -te {IV P}, trasta *»erzittern, erschrecken«* {udvege IV, 10} **pf** tatrāsa, tatrasuḥ/tresuḥ; tatrasire **ft** trasiṣyati **gdv** trāsanīya **cs** trāsayati **cs ps** trāsyate [trāsa m. *»Furcht«*]

trā/trai trāti | trāyate {I Ā}, trāta *»beschützen«* {pālane I, 1014} **ipv** trāhi, trātu **ft** trāsyate; -ti **ps** trāyate **gdv** trātavya **inf** trātum **abs** trātvā [trātṛ m. *»Beschützer«*, trāṇa n. *»Schützen«*]

truṭ truṭati {VI P} | truṭyati, truṭita *»zerbrechen«* {chedane VI, 82} **pf** tutroṭa **cs** troṭayati {Ā X, 159}

trai ⟶ trā/trai

tvar tvarate; -ti {I Ā}, tvarita/tūrṇa *»eilen«* {saṃbhrame I, 812} **pf** tatvare **gdv** tvaraṇīya **cs** tvarayati; -te **cs ao** atitvarat **cs ps** tvaryate **abs** tvaritvā [tvarā f. *»Eile«*, tvarayā adv. *»eilig«*]

daṃś daśati; -te {I P}, daṣṭa *»beißen«* {daśane I, 1038} **pf** dadaṃśa, dadaṃśuḥ **ft** daśiṣyati/daṅkṣyati **ps** daśyate **abs** daṃṣṭvā, -daśya **cs** daṃśayati {Ā daṃśane X, 136; PĀ bhāṣārthaḥ X, 224} **cs ppp** daṃśita [daṃṣṭra m. *»Reißzahn«*]

daṇḍ daṇḍayati {X PĀ}, daṇḍita *»strafen«* {daṇḍanipātane X, 381} **ps** daṇḍyate **gdv** daṇḍya, daṇḍanīya **inf** daṇḍayitum **abs** daṇḍayitvā [daṇḍa m. *»Stock; Strafe«*]

danturay danturayati (Denom.) danturita *»dicht besetzt, voll von«* [danta m. *»Zahn«* – dantura *»voller Zähne/Spitzen, uneben«*]

dam dāmyati {IV P}, dānta *»zähmen, bezwingen«* {upaśame IV, 94} **abs** damitvā, -damya **cs** damayati **cs ppp** damita [dama m. *»Selbstbeherrschung«*]

day dayate {I Ā}, dayita *»teilen; teilnehmen«* {dānagatirakṣaṇahiṃsādāneṣu I, 510} **ppf** dayām āsa **cs op** dayayet [dayita *»geliebt«*, m. *»Geliebter«*]

daridrā ⟶ drā [1]

dal dalati {I P}, dalita *»bersten«* {viśaraṇe I, 581} **ao** adalīt **ft** daliṣyati; -te **cs** dălayati {PĀ X, 211} **cs ps** dălyate [dala m. *»Blatt; Stück«*]

dah dahati; -te {I P} | dahyati, dagdha *»(ver)brennen«* {bhasmīkaraṇe I, 1040} **pf** dadăha, dehitha/dadagdha, dadāha; dehe **ao** adhākṣīt **ft** dhakṣyati/dahiṣyati; dhakṣyate **ps** dahyate **gdv** dāhya, dagdhavya **inf** dagdhum **abs** dagdhvā, -dahya **cs** dāhayati **cs ao** adīdahat **ds** didhakṣati; -te **is** dandahīti; dandahyate [dāha m. *»Brennen, Hitze«*]

dā dadāti; datte {III PĀ}, datta *»geben«* {dāne III, 9} **ind** dadāmi, dadāsi, dadāti, dadvaḥ, datthaḥ, dattaḥ, dadmaḥ, dattha, dadati; dade, datse, datte, dadvahe, dadāthe, dadāte, dadmahe, daddhve, dadate **pf** dadau; dade **ao** adāt; adita, adiṣata **ft** dāsyati; -te **pft** dātā **ps** dīyate **gdv** deya, dātavya **inf** dātum **abs** dattvā, -dāya **cs** dāpayati **cs ppf** dāpayām āsa **cs gdv** dāpya, dāpayitavya, dāpanīya **ds** ditsati; -te [dāna n. *»Gabe«*; präfigiert mit ā-: **ppp** ā-tta **abs** ā-dāya *»mit«*]

div [1] dīvyati; -te {IV P}, dyūta *»spielen, strahlen, wetten«* {krīḍāvijigīṣāvyavahāradyutistutimodamadasvapnakāntigatiṣu IV, 1} **ao** adevīt **ft** deviṣyati **gdv** devitavya **inf** devitum **abs** dyūtvā, -dīvya **cs** devayati [divya *»himmlisch«*; deva m. *»Gott«*]

div [2]/dev (pari-)devate; -ti {I Ā}, (pari-)dyūna *»wehklagen«* {devane I, 529} **inf** (pari-)devitum **cs** (pari-)devayate; -ti {Ā parikūjane X, 166; P ardane X, 185}

diś diśati; -te {VI PĀ}, diṣṭa *»zeigen; anordnen«* {atisarjane VI, 3} **pf** dideśa; didiśe **ao** adikṣat **ft** dekṣyati; -te **ps** diśyate **gdv** -deśya, -deṣṭavya **inf** deṣṭum **abs** diṣṭvā, -diśya **cs** deśayati; -te **ds** didikṣati [ud-deśa m. *»Nennung«*; ud-diśya *»gegen, auf, nach, zu, in Bezug auf, in Betreff von, über«*]

dih degdhi; digdhe {II PĀ}, digdha *»bestreichen«* {upacaye II, 5} **ind** dehmi, dhekṣi, degdhi, dihvaḥ, digdhaḥ, digdhaḥ, dihmaḥ, digdha, dihanti; dihe, dhikṣe, digdhe, dihvahe, dihāthe, dihāte, dihmahe, dhigdhve, dihate **op** dihyāt; dihīta **ipv** dehāni, digdhi, degdhu, dehāva, digdham, digdhām, dehāma, digdha, dihantu; dehai, dhikṣva, digdhām, dehāvahai, dihāthām, dihātām, dehāmahai, dhigdhvam, dihatām **imp** adeham, adhek, adhek, adihva, adigdham, adigdhām, adihma, adigdha, adihan; adihi, adigdhāḥ, adigdha, adihvahi, adihāthām, adihātām, adihmahi, adhigdhvam, adihata **pf** dideha; didihe **ps** dihyate **gdv** -dehya **abs** digdhvā, -dihya **cs** dehayati; -te [saṃ-deha m. *»Zweifel«*; saṃ-digdha *»zweifelhaft«*]

dīkṣ dīkṣate {I Ā}, — *»sich weihen«* {mauṇḍyejyopanayananiyamavratādeśeṣu I, 640} **pf** didīkṣuḥ **ft** dīkṣiṣyate **ps** dīkṣyate **abs** dīkṣitvā **cs** dīkṣayati; -te **cs ppp** dīkṣita [dīkṣā f. *»Einweihung«*]

dīp dīpyate; -ti {IV Ā}, dīpta *»strahlen, brennen«* {dīptau IV, 42} **pf** didīpe **inf** dīpitum **cs** dīpayati; -te **cs ao** adidīpat/adīdipat **is** dedīpyate

dīv ⟶ div [1]

du dunoti {V P}, dūna/duta *»brennen; quälen«* {upatāpe V, 10} **ps** dūyate **cs** dāvayati

duḥkh duḥkhayati {X P}, duḥkhita *»schmerzen«* {tatkriyāyām X, 384} [duḥkha *»unangenehm«*, n. *»Leid«*]

dul dolayati {X PĀ}, dolita *»schwingen«* {utkṣepe X, 60} [dolā f. *»Schaukel«*]

duṣ duṣyati; -te {IV P}, duṣṭa *»schlecht werden/sein, sich vergehen«* {vaikṛtye IV, 76} **ps** duṣyate **gdv** dūṣya **cs** dūṣayati/doṣayati; dūṣayate *»beschuldigen, für falsch erklären«* **cs ppp** dūṣita **cs ps** dūṣyate [duṣṭa *»schlecht«*, m. *»schlechter Mensch«*; doṣa m. *»Fehler«*]

duh dogdhi; dugdhe {II PĀ}, dugdha *»melken«* {prapūraṇe II, 4} **ind** dohmi, dhokṣi, dogdhi, duhvaḥ, dugdhaḥ, dugdhaḥ, duhmaḥ, dugdha, duhanti; duhe, dhukṣe, dugdhe, duhvahe, duhāthe, duhāte, duhmahe, dhugdhve, duhate **op** duhyāt; duhīta **ipv** dohāni, dugdhi, dogdhu, dohāva, dugdham, dugdhām, dohāma, dugdha, duhantu; dohai, dhukṣva, dugdhām, dohāvahai, duhāthām, duhātām, dohāmahai, dhugdhvam, duhatām **imp** adoham, adhok, adhok, aduhva, adugdham, adugdhām, aduhma, adugdha, aduhan; aduhi, adugdhāḥ, adugdha, aduhvahi, aduhāthām, aduhātām, aduhmahi, adhugdhvam, aduhata **pf** dudoha; duduhe **ao** adhukṣat; adhukṣata **ft** dhokṣyate **ps** duhyate **gdv** duhya/dohya, dogdhavya **inf** dogdhum **abs** dugdhvā **cs** dohayati; -te **cs ao** adūduhat **ds** dudhukṣati [saṃ-doha m. *»Fülle«*]

dūray dūrayati (Denom.) dūrita *»fern sein; entfernen«* [dūra n. *»Ferne«*; dūraṃ tyaj *»weithin meiden«*]

dūṣay ⟶ duṣ

dṛ [1] (ā-)driyate {VI Ā}, (ā-)dṛta *»berücksichtigen, geachtet werden«* {ādare VI, 118} **ps** driyate **gdv** (ā-)dṛtya, (ā-)dartavya, (ā-)daraṇīya **abs** (ā-)dṛtya [ā-dara m. *»Rücksicht«*]

dṛ [2]/dṝ dṛṇāti {IX P}, dīrṇa *»bersten«* {vidāraṇe IX, 23} **pf** dadāra **ps** dīryate **gdv** -daraṇīya **cs** dărayati; dārayate **cs ao** adīdarat *»spalten«* [dăra m. *»Spalte, Höhle«*]

dṛp dṛpyati {IV P}, dṛpta *»ausgelassen/stolz sein«* {harṣamohanayoḥ IV, 87} **cs** darpayati **cs ppp** darpita [darpa m. *»Stolz«*]

dṛbh dṛbhati {VI P}, dṛbdha *»verflechten«* {granthe VI, 34} **cs ppp** darbhita [darbha m. *»(rituell verwendetes) Darbhagras«*]

dṛś [paśyati] {I P}, dṛṣṭa *»sehen«* {prekṣaṇe I, 1037} **imp** [apaśyat] **pf** dadarśa, dadṛśuḥ; dadṛśe **ao** adrākṣīt/adarśat **ft** drakṣyati; -te **pft** draṣṭā **ps** dṛśyate **gdv** dṛśya, draṣṭavya, darśanīya **inf** draṣṭum **abs** dṛṣṭvā, -dṛśya **cs** darśayati; -te **cs ao** adīdṛśat **ds** didṛkṣate **is** darīdṛśyate [unvollständiges Paradigma, präsentische Formen werden von ⟶ paś ergänzt; darśana n. *»Audienz; philosophisches System«*]

dev ⟶ div [2]/dev

dolāy dolāyate (Denom.) dolāyita *»schaukeln«* [v. dolā f. *»Schaukel«*]

dyut dyotate {I Ā}, dyutita *»leuchten«* {dīptau I, 777} **pf** didyute **ao** adyutat **gdv** dyotya **abs** -dyutya **cs** dyotayati **cs ps** dyotyate **cs ppp** dyotita [dyuti f. *»Glanz«*]

draḍhay draḍhayati (Denom.) — *»fest machen«* [v. dṛḍha *»fest«*]

drā/dra [1] drāti {II P}, drāṇa *»gehen«* {kutsāyāṃ gatau II, 45} **pf** dadruḥ **cs** drāpayati **is** daridrāti *»arm sein«* {P durgatau II, 64}

drā/dra [2]/drai ni-drāti | ni-drāyate {I P}, ni-drāṇa/ni-drita *»schlafen«* {svapne I, 955} **pf** ni-dadrau **ft** ni-drāsyati **inf** ni-drātum **ds** ni-didrāsati [yoga-ni-drā f. *»Yoga-Schlaf«*]

dru dravati; -te {I P}, druta *»laufen, eilen; zerfließen«* {gatau I, 992} **pf** dudrāva, dudrotha, dudruva; dudruve **ao** adudruvat **ps** drūyate **inf** drotum **abs** drutvā, -drutya **cs** drāvayati; -te **cs ao** adudruvat **cs ps** drāvyate **cs gdv** drāvya [dravya n. *»Substanz«*]

druh druhyati; -te {IV P}, drugdha *»schädigen«* {jighāṃsāyām IV, 88} **pf** dudroha, dudrohitha, dudruhiva; dudruhe **ao** adruhat **gdv** druhya, drogdhavya

drai ⟶ drā/dra [2]/drai

dviguṇay dviguṇayati (Denom.) dviguṇita *»verdoppeln«* [v. dvi-guṇa *»zweifach«*]

dviṣ dveṣṭi {II PĀ}, dviṣṭa *»hassen«* {aprītau II, 3} **ind** dveṣmi, dvekṣi, dveṣṭi, dviṣvaḥ, dviṣṭhaḥ, dviṣṭaḥ, dviṣmaḥ, dviṣṭha, dviṣanti **imp** adveṣam, adveṭ, adveṭ, adviṣva, adviṣṭam, adviṣṭām, adviṣma, adviṣṭa, adviṣan **pf** didveṣa **ps** dviṣyate **gdv** dveṣya, dveṣaṇīya **inf** dveṣṭum **cs** dveṣayati

dham/dhmā dhamati; -te {I P}, dhmāta *»blasen«* {śabdāgnisaṃyogayoḥ I, 974} **pf** dadhmau; dadhmire **ao** adhmāsīt **ft** dhamiṣyati **ps** dhamyate/dhmāyate **gdv** dhmātavya **abs** dhmātvā, -dhmāya **cs** dhmāpayati **is** dādhmāyate

dhay ⟶ dhā [2]

dhā [1] dadhāti; dhatte {III PĀ}, hita *»setzen, stellen, legen«* {dhāraṇapoṣaṇayoḥ III, 10} **ind** dadhāmi, dadhāsi, dadhāti, dadhvaḥ, dhatthaḥ, dhattaḥ, dadhmaḥ, dhattha, dadhati; dadhe, dhatse, dhatte, dadhvahe, dadhāthe, dadhāte, dadhmahe, dhaddhve, dadhate **op** dadhyāt; dadhīta **ipv** dadhāni, dhehi, dadhātu, dhattām, dadhatu; dadhai, dhatsva, dhattām, dadhātām, dadhatām **imp** adadhāt, adhattām, adadhuḥ; adhatta, adadhātām, adadhata **pf** dadhau; dadhe **ao** adhāt; adhita **inj** dhīmahi *»wir mögen gedenken«* **ft** dhāsyati; -te **ps** dhīyate **ps ao** adhāyi **gdv** dheya, dhātavya, -dhānīya **inf** dhātum **abs** hitvā, -dhāya **cs** dhāpayati **cs ps** dhāpyate **cs gdv** dhāpayitavya **ds** dhitsati; -te [hita n. *»das Gute«*]

dhā [2]/dhe dhayati {I P}, dhīta *»saugen«* {pāne I, 951}

dhāv dhāvati; -te {I PĀ}, dhāvita/dhauta *»laufen, strömen; waschen«* {gatiśuddhayoḥ I, 632} **pf** dadhāva, dadhāvire **ft** dhāviṣyati **ps** dhāvyate **ppp** dhāvita *»gelaufen«* **ppp** dhauta *»gewaschen«* **abs** dhāvitvā, dhāvya **cs** dhāvayati

dhī ⟶ dhā ⟶ dhyā

dhu/dhū dhunoti; dhunute {V PĀ} | dhunāti; dhunīte {IX PĀ}, dhŭta *»schütteln; entfernen«* {kampane V, 9 | IX, 17} **pf** dudhāva **ft** dhaviṣyati **ps** dhūyate **inf** dhavitum **abs** -dhūya **cs** dhūnayati {X, 292} **is** dodhavīti; dodhūyate

dhukṣ dhukṣate {I Ā}, dhukṣita *»anzünden«* {saṃdīpanakleśanajīvaneṣu I, 633} **cs** dhukṣayati

dhūp

dhṛ [Präsens nicht gebräuchlich] {I Ā}, dhṛta *»halten, tragen«* {dhāraṇe I, 948} **pf** dadhāra; dadhre **ft** dhariṣyati; -te **pft** dhartā **ps** dhriyate **ps ao** adhāri

gdv dhārya, dhartavya, -dharaṇīya **inf** dhartum **abs** dhṛtvā, -dhṛtya **cs** dhārayati; -te **cs ppf** dhārayām āsa **cs ao** adīdharat **cs gdv** dhārayitavya, dhāraṇīya

dhṛṣ dhṛṣṇoti {V P}, dhṛṣṭa *»wagen, dreist sein«* {prāgalbhye V, 22} **gdv** dharṣaṇīya **inf** dharṣitum **abs** -dhṛṣya **cs** dharṣayati {PĀ prahasane X, 306}

dhe ⟶ dhā [2]/dhe

dhmā ⟶ dham/dhmā

dhyā/dhyai dhyāyati; -te {I P} | dhyāti, dhyāta/dhīta *»überlegen, vorstellen, meditieren«* {cintāyām I, 957} **pf** dadhyau **ft** dhyāsyati **ps** dhyāyate **gdv** dhyeya, dhyātavya **inf** dhyātum **abs** dhyātvā, -dhyāya **ds** didhyāsate [dhīmahi ⟶ dhā; dhyāna n. *»Meditation«*]

dhvaṃs/dhvas dhvaṃsate; -ti {I Ā}, dhvasta *»herabfallen, zerfallen«* {avasraṃsane I, 791; gatau I, 793} **pf** dadhvaṃsire **ft** dhvaṃsiṣyate **ps** dhvasyate **inf** dhvaṃsitum **abs** -dhvasya **cs** dhvaṃsayati [dhvasta *»zerfallen«*, aber: rajasā dhvasta *»von Staub verhüllt«*]

dhvan dhvanati {I P}, dhvanita/dhvānta *»tönen«* {śabde I, 854/881} **pf** dadhvāna, dadhvanuḥ **ps** dhvanyate **abs** dhvanitvā **cs** dhvanayati {PĀ X, 343} [dhvani m. *»Ton; Andeutung«*]

naṃs ⟶ nam

naṭ naṭati {I P}, naṭita *»tanzen, (Theater, eine Rolle) spielen«* {nṛtau I, 332/818} **gdv** naṭanīya **cs** nāṭayati {PĀ nāṭye X, 12; bhāṣārthāḥ X, 250} **cs gdv** nāṭayitavya [nāṭya n. *»Schauspiel«*]

nad nadati; -te {I P}, nadita *»tönen, brüllen«* {śabde I, 55} **pf** nanāda, neditha, neduḥ; nedire **ps** nadyate **abs** naditvā, -nadya **cs** nădayati; -te {bhāṣārthaḥ X, 238} **is** nānadyate

nand nandati; -te {I P}, nandita *»sich freuen«* {samṛddhau I, 67} **pf** nananda, nanandatuḥ, nananduḥ **ft** nandiṣyati; -te **gdv** -nandya, nanditavya, nandanīya **inf** nanditum **abs** nanditvā, -nandya **cs** nandayati; -te **cs ppf** nandayām āsa **cs gdv** -nandayitavya [nandana *»erfreuend«*, m. *»Sohn«*, f. *»Tochter«*, n. *»Freude«*]

nam namati; -te {I P}, nata *»(ver)beugen«* {prahvatve śabde ca I, 1030} **pf** nanāma, nemuḥ **ao** anaṃsīt **ft** namiṣyati **ps** namyate **gdv** nāmya, namanīya **inf** namitum/nantum, **abs** natvā, -namya **cs** nămayati **cs ao** anīnamat **ds** ninaṃsati

namasy namasyati; -te (Denom.) – *»verehren, anbeten«* [v. namas n. *»Verbeugung, Verehrung«*]

nard nardati; -te {I P}, nardita *»brüllen«* {śabde I, 57} **pf** nanarda **is ppa** nānardyamāna

naś naśyati; -te {IV P}, naṣṭa *»vergehen, verschwinden«* {adarśane IV, 85} **pf** nanāśa, neśuḥ **ao** anaśat **ft** naśiṣyati/naṅkṣyati; -te **gdv** nāśya **inf** naṣṭum/naśitum **cs** nāśayati; -te **cs ao** anīnaśat [nāśa m. *»Untergang«*]

nah nahyati; -te {IV PĀ}, naddha *»binden, (Rüstung) anlegen«* {bandhane IV, 57} **pf** nanāha; nehe **ps** nahyate **gdv** -naddhavya **abs** -nahya **cs** nāhayati

nāth nāthate; -ti {I Ā}, nāthita *»bitten, flehen«* {yācñopatāpaiśvāryāśīḥṣu I, 7} **ps** nāthyate **inf** nāthitum **abs** -nāthya [nātha m. *»Gebieter«*]

nigaḍay nigaḍayati (Denom.) nigaḍita *»fesseln«* [v. nigaḍa m. *»eiserne Fußkette für Elefanten«*]

nij nenekti; nenikte {III PĀ}, nikta *»sich waschen«* {śaucapoṣaṇayoḥ III, 11} **ps** nijyate **abs** niktvā, -nijya

nidrā(y) ⟶ drā [2]

nind nindati; -te {I P}, nindita *»tadeln, schmähen«* {kutsāyām I, 66} **pf** nininda **ft** nindiṣyati **pft** ninditā **ps** nindyate **gdv** nindya, nindanīya **inf** ninditum **abs** ninditvā, -nindya **cs** nindayati [nindā f. *»Tadel; Schmähung«*]

nibiḍay nibiḍayati (Denom.) nibiḍita *»fest umschlingen, dicht werden«* [nibiḍa *»dicht, fest«*]

niśam/niśām ⟶ śam [2]

nī nayati; -te {I PĀ}, nīta *»führen«* {prāpaṇe I, 950} **pf** ināya, ninyuḥ; ninye **ao** anaiṣīt **ao ps** anāyi, anāyiṣata **ft** neṣyati/nayiṣyati; -te **pft** netā **ps** nīyate **gdv** neya, netavya/nayitavya **inf** netum/nayitum **abs** nītvā/nayitvā [oft nur: *»mit«*], -nīya **cs** nāyayati; -te **ds** ninīṣati; -te **is** nenīyate [nayana n. *»Auge«*]

nu/nū nauti {II P}, nuta *»preisen, jubeln, schreien«* {stutau II, 26} **ind** nauti, nuvanti **pf** nunāva **ps** nūyate **abs** nutvā

nud nudati; -te {VI PĀ}, nutta/nunna *»stoßen; entfernen«* {preraṇe VI, 2/132} **pf** nunoda; nunude **ft** notsyati; -te **gdv** nodya **abs** -nudya **cs** nodayati **cs ps** nodyate **cs gdv** -nodayitavya [tamo-nud m. *»Sonne, Mond«*]

nṛt nṛtyati; -te {IV P}, nṛtta *»tanzen, (Theater) spielen«* {gātravikṣepe IV, 9} **pf** nanarta, nanṛtuḥ **ft** nartiṣyati **ps** nṛtyate **gdv** nṛtya, nartitavya **inf** nart(i)tum **abs** nartitvā **cs** nartayati **ds** ninartiṣati **is** narīnartti; narīnṛtyate [nṛtya n. *»Tanz«*; nartaka m. *»Tänzer«*]

pac pacati; -te {I PĀ}, pakva *»kochen; verdauen; reifen (lassen)«* {pāke I, 1045} **pf** pece, pecire **ft** pakṣyati; -te **pft** paktā **ps** pacyate **gdv** pācya/pākya, paktavya **abs** paktvā **cs** pācayati; -te **cs ps** pācyate **is** pāpacyate [pakva meist nur adj. *»reif«*]

paṭ pāṭayati; -te {X PĀ} | — {I P}, pāṭita *»sich spalten, zerreißen«* {bhāṣārthaḥ X, 212; granthe X, 311 | gatau I, 318} **gdv** pāṭya, pāṭanīya

paṭh paṭhati; -te {I P}, paṭhita *»lesen, studieren«* {vyaktāyāṃ vāci I, 353} **pf** papāṭha **ft** paṭhiṣyati **ps** paṭhyate **gdv** pāṭhya, paṭhitavya, paṭhanīya **inf** paṭhitum **abs** paṭhitvā **cs** pāṭhayati **cs ps** pāṭhyate **ds** pipaṭhiṣati **is** pāpaṭhīti; pāpaṭhyate [pāṭha m. *»Vortrag; Lesart«*]

paṇ paṇate; -ti {I Ā}, paṇita *»handeln; wetten, einsetzen«* {vyavahāre stutau ca I, 466} **ps** paṇyate **gdv** paṇya **cs** pāṇayati [paṇa m. *»Wetteinsatz«*]

pat patati; -te {I P}, patita *»fliegen; fallen; eintreffen«* {gatau I, 898} **pf** papāta, petuḥ **ao** apaptat **ft** patiṣyati; -te **gdv** pātya, patitavya, pātanīya **inf** patitum **abs** patitvā, -patya **cs** pātayati; -te {PĀ X, 315} **cs ppf** pātayām āsa **ds** pitsati

pad padyate; -ti {IV Ā}, panna *»fallen; hingehen«* {gatau IV, 60} **pf** pede; papāda, peduḥ **ft** patsyati; -te **ps ao** apādi **gdv** -pādya, -pattavya, -padanīya **inf** pattum **abs** -padya **cs** pādayati; -te {PĀ X, 350} **cs gdv** -pādanīya, pādayitavya **ds** pitsate **is** panīpadyate [häufig präfigiert, z. B. ā-panna *»hineingeraten«*; vyā-panna *»vernichtet«*; ut-panna *»entstanden«*; upa-panna *»versehen mit«*]

palāy palāyati; -te (erklärt als palā-i) palāyita *»fliehen«* **ao** apalāyiṣṭa **ft** palāyiṣyate **ps** palāyyate **gdv** palāyitavya **inf** palāyitum

pavitray pavitrayati (Denom.) pavitrita *»läutern, reinigen«* [v. pavitra n. *»Läuterungsmittel«*]

paś paśyati, [dṛṣṭa] *»sehen«* **imp** apaśyat **pf** [dadarśa, dadṛśuḥ; dadṛśe] **ao** [adrākṣīt/adarśat] **ft** [drakṣyati; -te] **pft** [draṣṭā] **ps** [dṛśyate] **gdv** [dṛśya, draṣṭavya, darśanīya] **inf** [draṣṭum] **abs** [dṛṣṭvā, -dṛśya] **cs** [darśayati; -te] **cs ao** [adīdṛśat] **ds** [didṛkṣate] **is** [darīdṛśyate] [unvollständiges Paradigma, nicht-präsentische Formen werden von ⟶ dṛś ergänzt; vi-paśyanā f. *»buddh. Meditationsform«*]

pā [1] pibati; -te {I P}, pīta *»trinken; (bildl. mit Augen/Ohren) einsaugen«* {pāne I, 972} **pf** papau, papitha/papātha, papau, papuḥ **ao** apāt **ft** pāsyati; -te **ps** pīyate **ps ao** apāyi **abs** pītvā, -pīya **gdv** peya, pātavya, pānīya **inf** pātum **cs** pāyayati; -te **ds** pipāsati **is** pepīyate [pāna n. *»Trank; Trinken«*; pātra n. *»Trinkgefäß; Empfänger (von Gaben)«*]

pā [2] pāti {II P}, – *»schützen, bewachen, befolgen«* {rakṣaṇe II, 47} **ipv** pātu **ao** apāsīt **gdv** pātavya **inf** pātum [pati m. *»Gemahl«*; patnī f. *»Gattin«*]

pāl pālayati; -te {X PĀ}, pālita *»hüten«* {rakṣaṇe X, 69} **ao** apīpalat **ps** pālyate **gdv** pālya, -pālitavya, pālanīya **abs** pālayitvā [go-pāla m. *»Kuhhirte«*]

piṇḍ piṇḍayati {X P}, piṇḍita *»zusammenballen, vereinigen«* {saṃghāte X, 131} [piṇḍa m. *»Kloß (als Gabe im Ahnenopfer)«*]

pib ⟶ pā [1]

piṣ pinaṣṭi {VII P}, piṣṭa *»zermalmen«* {saṃcūrṇane VII, 15} **ind** pinaṣmi, pinakṣi, pinaṣṭi, piṃṣmaḥ, piṃṣṭha, piṃṣanti **imp** apinaṣam, apinaṭ, apinaṭ, apiṃṣva **pf** pipeṣa; pipiṣe **ps** piṣyate **inf** peṣṭum **abs** piṣṭvā **cs** peṣayati **cs ao** apīpiṣat

pī ⟶ pyā(y)

pīḍ pīḍayati; -te {X PĀ}, pīḍita *»pressen, plagen«* {avagāhane X, 11} **ppf** pīḍayām āsa/cakāra **ft** pīḍayiṣyati **ps** pīḍyate **gdv** pīḍayitavya, pīḍanīya **inf** pīḍayitum **abs** pīḍayitvā, -pīḍya [pīḍā f. *»Qual«*]

puṭ puṭati {VI P}, puṭita *»umhüllen«* {saṃśleṣaṇe VI, 74} **ps** puṭyate

putriy/putrīy putrĭ̄yati (Denom.) – *»sich einen Sohn wünschen«* [v. putra m. *»Sohn«*]

puth pothayati; -te {X PĀ} | – {IV P}, pothita *»zerdrücken«* {bhāṣārthāḥ X, 235 | hiṃsāyām IV, 12} **ppf** pothayām āsa/cakāra **ft** pothayiṣyati **abs** pothayitvā

puṣ puṣyati; -te {IV P} | puṣṇāti {IX P}, puṣṭa *»gedeihen, aufziehen«* {puṣṭau IV, 73 | IX, 57} **pf** pupoṣa **ps** puṣyate **gdv** poṣya, poṣaṇīya **cs** poṣayati {PĀ dhāraṇe X, 210} [°puṣṭa *»reich an …«*, aber anya-puṣṭa *»von anderen aufgezogen«* = *»Kuckuck«*]

pū punāti; punīte {IX PĀ}, pūta *»reinigen«* {pavane IX, 12} **pf** pupuve **ps** pūyate **cs** pāvayati; -te **cs ps** pāvyate [pavana m. *»Wind«*; pāvana *»reinigend«*, m. *»Feuer«*]

pūj pūjayati; -te {X PĀ}, pūjita *»(ver)ehren«* {pūjāyām X, 101} **ppf** pūjayām āsa/cakāra **ao** apūpujat **ft** pūjayiṣyati **ps** pūjyate **gdv** pūjya, pūjayitavya, pūjanīya **inf** pūjayitum **abs** pūjayitvā [pūjā f. *»Verehrung, Gottesdienst«*]

pūr ⟶ pṝ

pṛ (vyā-)pṛṇoti {V P} | — {VI Ā}, (vyā-)pṛta *»sich beschäftigen«* {prītau V, 12 | vyāyāme VI, 109} **ps** (vyā-)priyate **inf** (vyā-)partum **cs** (vyā-)pārayati [vyā-pāra m. *»Beschäftigung«*]

pṛc pṛṇakti {VII P}, pṛkta *»mischen«* {saṃparke VII, 25}

pṛcch ⟶ prach

pṝ piparti {III P}, pūrṇa/pūrta *»(er)füllen, sättigen«* {pālanapūraṇayoḥ III, 4} **ind** piparti, piprati **pf** papāra; pupūre, pupūrire **ps** pūryate {Ā āpyāyane IV, 43} **ps ao** apūri **gdv** pūrya, pūraṇīya **inf** pūritum **abs** -pūrya **cs** pūrayati; -te {PĀ pūraṇe X, 15} **cs gdv** pūrayitavya [pūrṇa meist adj. *»voll«*]

pyā(y) -pyāyate {I Ā}, -pyāna/pīna *»schwellen, überfließen«* {vṛddhau I, 517/1013} **gdv** -pyāyya **abs** -pyāyya **cs** -pyāyayati; -te [pīna meist adj. *»fett«*]

prakaṭay prakaṭayati (Denom.) prakaṭita *»offenbaren, zeigen«* [v. prakaṭa *»deutlich«*]

prach pṛcchati; -te {VI P}, pṛṣṭa *»(er)fragen, begehren«* {jñīpsāyām VI, 120} **pf** papraccha, papracchuḥ **ao** aprākṣīt; apraṣṭa **ft** prakṣyati **ps** pṛcchyate **gdv** praṣṭavya **inf** praṣṭum **abs** pṛṣṭvā, -pṛcchya **ds** pipṛcchiṣati [praśna m. *»Frage«*]

prath prathate; -ti {I Ā}, prathita *»ausbreiten; berühmt werden«* {prakhyāne I, 802} **pf** paprathe; paprathatuḥ **inf** prathitum **cs** prathayati; -te {PĀ X, 12} [prathā f. *»Entfaltung; Berühmtheit«*]

praśnay praśnayati (Denom.) praśnita *»fragen nach«* [v. praśna m. *»Frage«*]

prī prīṇāti; prīṇīte {IX PĀ}, prīta *»(sich) erfreuen (an)«* {tarpaṇe IX, 2} **ao** apraiṣīt **ps** prīyate **cs** prīṇayati {PĀ X, 293} [prīti f. *»Freude«*]

preṣ ⟶ iṣ [1]

plu plavate; -ti {I Ā}, pluta *»schwimmen; schweben; verschwinden; springen«* {gatau I, 1007} **pf** pupluve; pupluvuḥ **ft** ploṣyati; -te **ps** plūyate **inf** plotum **abs** plutvā, -plutya **cs** plāvayati; -te **cs ppp** plāvita **cs gdv** plāvya **is** poplūyate [°pluta *»erfüllt von ...«*]

pluṣ ploṣati {I P}, pluṣṭa *»brennen«* {dāhe I, 736} **ps** pluṣyate

phal [1] phalati {I P}, phalita/phulla *»bersten«* {viśaraṇe I, 549} **pf** paphāla, pheluḥ **ft** phaliṣyati **cs** phālayati

phal [2] phalati; -te {I P}, phalita *»Früchte bringen, reifen«* {niṣpattau I, 563} **pf** phelire **ft** phaliṣyati **gdv** phalitavya [phala n. *»Frucht; (karmisches) Resultat«*]

bandh badhnāti {IX P}, baddha *»binden, versperren, hervorrufen«* {bandhane IX, 37}

pf babandhitha/babanddha, babandha, babandhuḥ **ft** bhantsyati/bandhiṣyati; -te **ps** badhyate **gdv** bandhya, baddhavya, bandhanīya **inf** ba(n)ddhum/bandhitum **abs** baddhvā, -badhya **cs** bandhayati [bandhu m. »*Verwandter, Freund*«]

bādh bādhate; -ti {I Ā}, bādhita »*bedrängen, beseitigen, plagen*« {loḍane I, 5} **pf** babādhe **ft** bādhiṣyati; -te **ps** bādhyate **gdv** bādhya, bādhitavya, bādhanīya **inf** bādhitum **abs** bādhitvā **cs** bādhayati **ds** bībhatsate

budh bodhati; -te {I PĀ} | budhyate; -ti {IV Ā}, buddha »*(er)wachen; wahrnehmen, erkennen*« {bodhane I, 924; avagamane I, 911 | IV, 63} **pf** bubodha; bubudhe **ao** abuddhāḥ, abuddha / abodhiṣam, abodhiṣīḥ, abodhīt; abodhiṣata **ft** bhotsyati, -te **ps** budhyate **ps ao** abodhi **abs** buddhvā, -budhya **gdv** bodhya, boddhavya, bodhanīya **inf** boddhum **cs** bodhayati; -te **cs gdv** bodhayitavya **ds** bubhutsati; -te **is** bobudhīti [saṃ-bodhi f. »*Erleuchtung (buddh.)*«]

bṛṃh bṛṃhati {I P}, bṛṃhita »*wachsen; schreien*« {vṛddhau I, 771/772} **pf** babṛṃhe, babṛṃhire **gdv** bṛṃhaṇīya **cs** bṛṃhayati; -te {PĀ bhāṣārthaḥ X, 228} **cs gdv** bṛṃhayitavya [brahman n. »*das Absolute*«, m. »*Schöpfergott*«; sva-śakti-bṛṃhita »*durch seine eigene Kraft gestärkt*«]

brū bravīti; brūte {II PĀ}, — »*sagen, sprechen (zu)*« {vyaktāyāṃ vāci II, 35} **ind** bravīmi/brūmi, bravīṣi, bravīti, brūvaḥ, brūthaḥ, brūtaḥ, brūmaḥ, brūtha, bruvanti; bruve, brūṣe, brūte, bruvate **op** brūyāt **ipv** bravāṇi, brūhi/bravīhi, bravītu, bravāva, brūtam, brūtām, bravāma, brūta, bruvantu **imp** abravam, abravīḥ, abravīt, abrūva, abrūtam, abrūtām, abrūma, abrūta, abruvan **ppa** bruvāṇa/bruvamāṇa

bhakṣ bhakṣati; -te | bhakṣayati; -te {X PĀ}, bhakṣita »*essen*« {adane X, 22} **pf** babhakṣa **ppf** bhakṣayām āsa/cakāra **ft** bhakṣayiṣyati **ps** bhakṣyate **ps ao** abhakṣi **gdv** bhakṣya, bhakṣ(ay)itavya, bhakṣaṇīya **inf** bhakṣitum **abs** bhakṣayitvā **ds** bibhakṣayiṣati

bhaj bhajati; -te {I PĀ}, bhakta »*(ver)teilen; empfangen; sich hingeben, verehren*« {sevāyām I, 1047} **pf** babhǎja, babhaktha, babhāja, bhejuḥ; bheje, bhejire **ao** abhākṣīt; abhakta **ft** bhajiṣyati; -te **ps** bhajyate **gdv** bhajya/bhājya, bhajitavya/bhaktavya, bhajanīya **inf** bhajitum/bhaktum **abs** bhaktvā, -bhajya **cs** bhājayati; -te {PĀ X, 194} **ds** bhikṣati; -te [bhakti f. »*Gottesliebe*«; vi-bhakti f. »*Fall (gramm.)*«]

bhañj bhanakti {VII P}, bhagna »*brechen, biegen*« {āmardane XII, 16} **op** bhañjyāt **ipv** bhanaktu **imp** abhanak **pf** babhañja; babhañjire **ao** abhāṅkṣīt **ft** bhaṅkṣyati **pft** bhaṅktā **ps** bhajyate **ps ao** abhāji **abs** bha(ṅ)ktvā, -bhajya

bhaṇ bhaṇati {I P}, bhaṇita »*reden*« {śabdārthaḥ I, 474} **pf** babhāṇa **ps** bhaṇyate **ps ao** abhāṇi **gdv** bhaṇanīya **abs** bhaṇitvā **ds** bibhaṇiṣati [bhāṇa m. »*Monologstück*«]

bharts bhartsayati; -te {X Ā}, bhartsita »*drohen, schelten*« {saṃtarjane X, 143} **ppf** bhartsayām āsa/cakāra **ps** bhartsyate **ppa** bhartsayant **abs** bhartsayitvā

bhal (ni-)bhālayati; -te {X Ā}, (ni-)bhālita »*sehen*« {ābhaṇḍane X, 161} **inf** (ni-)bhālayitum

bhaṣ bhaṣati; -te {I P}, bhaṣita *»bellen«* {bhartsane I, 726} **inf** bhaṣitum

bhas babhasti {III P}, bhasita *»verzehren«* {bhartsanadīptyoḥ III, 18}

bhā bhāti {II P}, bhāta *»(er)scheinen, glänzen«* {dīptau II, 42} **ind** bhāti, bhānti **ipv** bhātu **imp** abhāt, abhān/abhuḥ **pf** babhau **ft** bhāsyati **inf** bhātum **cs** bhāpayate [bhāna n. *»Schein«*]

bhāṣ bhāṣate; -ti {I Ā}, bhāṣita *»reden«* {vyaktāyāṃ vāci I, 643} **pf** babhāṣe **ao** abhāṣiṣi, abhāṣiṣṭa **ft** bhāṣiṣyate **ps** bhāṣyate **gdv** bhāṣya, bhāṣitavya, -bhāṣaṇīya **inf** bhāṣ(i)tum **abs** bhāṣitvā, -bhāṣya **cs** bhāṣayati; -te [bhāṣā f. *»Sprache«*, besonders *»Umgangssprache«*]

bhās bhāsate; -ti {I Ā}, bhāsita *»glänzen, (ein)leuchten«* {dīptau I, 655} **pf** babhāse **gdv** bhāsya **abs** bhāsitvā **cs** bhāsayati; -te [bhās f., (ā-)bhāsa m. *»Licht«*]

bhikṣ bhikṣate; -ti {I Ā}, bhikṣita *»erstreben, (er)betteln«* {bhikṣāyām I, 637} **pf** bibhikṣe **ft** bhikṣiṣyate **inf** bhikṣitum **abs** bhikṣitvā **cs** bhikṣayati [bhikṣu m. *»Mönch«*]
⟶ bhaj

bhid bhinatti; bhintte {VII PĀ}, bhinna *»spalten, brechen«* {vidāraṇe VII, 2} **ind** bhinatti, bhindanti; bhintte **pf** bibheda, bibhiduḥ; bibhide **ft** bhetsyati; -te **ps** bhidyate **gdv** bhedya, bhettavya, bhedanīya **inf** bhettum **abs** bhittvā, -bhidya **cs** bhedayati; -te [a-bheda m. *»Nicht-Dualität«*]

bhī bibheti {III P} | bibhyati, bhīta *»sich fürchten«* {bhaye III, 2} **ind** bibheti, bibhyati; bibhyati, bibhyanti **imp** abibhet, abibhayuḥ **pf** bibhāya, bibhyuḥ; bibhye **ao** abhaiṣīt **ps** bhīyate **gdv** -bheya, bhetavya **inf** bhetum **abs** -bhīya **cs** bhāyayati/bhīṣayati; -te **is** bebhīyate [bhaya n. *»Furcht; Gefahr«*]

bhuj [1] bhujati {VI P}, bhugna *»biegen«* {kauṭilye VI, 124} **pf** bubhoja **abs** (ā-)bhujya [bhoga m. *»Haube (einer Kobra)«*; vāyu-bhugna *»vom Wind gebeugt«*]

bhuj [2] bhunakti; bhuṅkte {VII P}, bhukta *»genießen; erfahren«* {pālanābhyavahārayoḥ VII, 17} **ind** bhunakti, bhuñjanti; bhuṅkte, bhuñjate **pf** bubhujuḥ; bubhuje **ft** bhokṣyati; -te **ps** bhujyate **gdv** bhojya/bhogya, bhoktavya, bhojanīya **inf** bhoktum **abs** bhu(ṅ)ktvā **cs** bhojayati/bhuñjāpayati; bhojayate **cs gdv** bhojayitavya **ds** bubhukṣati; -te **is** bobhujīti; bobhujyate [bhoga m. *»Speise; Genuss«*]

bhū bhavati; -te {I P}, bhūta *»werden, sein«* {sattāyām I, 1} **op** bhavet **ao** abhūt **pf** babhūva, babhūvuḥ **ft** bhaviṣyati **pft** bhavitā **ps** bhūyate **ps ao** abhāvi **gdv** bhavya/bhāvya, bhavitavya, bhavanīya **inf** bhavitum **abs** bhūtvā, -bhūya **cs** bhāvayati; -te {PĀ avakalkane X, 207; Ā prāptau X, 300} **cs gdv** bhāvya, bhāvayitavya, bhāvanīya **ds** bubhūṣati; -te **is** bobhavīti [einige Ableitungen auf ⟶ S. 28]

bhūṣ bhūṣayati; -te {X PĀ}, bhūṣita *»schmücken«* {alaṅkāre X, 190} **pft** bhūṣayitā **ps ao** abhūṣi **gdv** bhūṣya, bhūṣayitavya, bhūṣaṇīya [bhūṣaṇa n. *»Schmuck«*]

bhṛ bibharti {III PĀ} | bharati; -te {I PĀ}, bhṛta *»(er)halten; davon-, herbeitragen; verschaffen«* {dhāraṇapoṣaṇayoḥ III, 5 | bharaṇe I, 946} **ind** bibharti, bibhrati | bharati; -te **ipv** bibharāṇi, bibhṛhi, bibhartu **pf** babhāra, babhartha, babhṛva **ppf** bibharāṃ babhūva **ao** abhṛta **ft** bhariṣyati **ps** bhriyate **gdv** bhṛtya/(saṃ-)bhārya, bhartavya, bharaṇīya **inf** bhartum **abs** bhṛtvā, -bhṛtya **cs** bhārayati **ds** bubhūrṣati **is** barībharti [bhāra m. »*Last*«]

bhṛjj ⟶ bhrajj

bhraṃś bhraśyati; -te {IV P} | bhraṃśate {I Ā}, bhraṣṭa »*stürzen, verloren gehen*« {adhaḥpatane IV, 115 | avasraṃsane I, 792} **cs** bhraṃśayati [bhraṣṭa-adhikāra m. »*einer, der sein Amt verloren hat*«]

bhrajj bhṛjjati {VI PĀ}, bhṛṣṭa »*rösten*« {pāke VI, 4} **ps** bhṛjjyate **abs** bhṛṣṭvā **cs** bharjjayati

bhram bhrāmyati {IV P} | bhramati; -te {I P}, bhrānta »*schweifen; sich irren*« {calane IV, 96 | anavasthāne I, 903} **pf** babhrāma, babhramuḥ/bhremuḥ **ft** bhramiṣyati **ps** bhramyate **ps ao** abhrāmi **gdv** bhramaṇīya **inf** bhrāntum/bhramitum **abs** bhrāntvā/bhramitvā, -bhramya/-bhrāmya **cs** bhrămayati **cs ao** abibhramat **is** bambhramīti; bambhramyate [(saṃ-)bhrama m. »*Irrtum, Verwirrung*«]

bhraś ⟶ bhraṃś

bhrāj bhrājate; -ti {I Ā}, bhrājita »*glänzen, schimmern*« {dīptau I, 194/875} **pf** babhrāje/bhreje; babhrāja **ft** bhrājiṣyate **cs** bhrājayati

majj majjati; -te {VI P}, magna »*sinken, untertauchen*« {śuddhau VI, 122} **pf** mamajja **ao** amāṅkṣīt **ft** maṅkṣyati/majjiṣyati; maṅkṣyate **ps ao** amajji **gdv** maṅktavya **inf** majjitum **abs** -majjya **cs** majjayati; -te **ds** mimaṅkṣati [jala-ni-magna »*im Wasser versunken*«]

maṇḍ maṇḍayati; -te {X PĀ}, maṇḍita »*schmücken*« {bhūṣāyām X, 49} **ppf** maṇḍayām āsa/cakāra

math/manth ma(n)thati {I P} | mathnāti {IX P}, mathita »*(um)rühren; quirlen; beschädigen*« {viloḍane I, 43/901; hiṃsāsaṃkleśayoḥ I, 47 | IX, 40} **pf** mama(n)tha, mama(n)thitha, mama(n)thuḥ **ft** ma(n)thiṣyati; -te **ps** mathyate **gdv** mathya, **inf** ma(n)thitum **abs** ma(n)thitvā, -mathya **cs** ma(n)thayati/māthayati [samudra-manthana n. »*Quirlung des Ozeans*«]

mad mādyati; -te {IV P}, matta/madita »*sich freuen (an); berauschen*« {harṣe IV, 99} **ao** amādīt, amādiṣuḥ **cs** mădayati; -te {Ā tṛptiyoge X, 165} [pra-māda m. »*Nachlässigkeit*«]

man manyate {IV Ā} | manute {VIII Ā}, mata »*denken, meinen*« {jñāne IV, 67 | avabodhane VIII, 9} **pf** mene **ao** amaṃsta **ft** maṃsyate; -ti **ps** manyate **gdv** mantavya **inf** mantum **abs** matvā, -manya/-matya **cs** mānayate; -ti »*ehren, beachten*« {stambhe X, 169} **cs gdv** mānya, mānayitavya, mānanīya **ds** mīmāṃsate [manas n. »*Denken; Geist*«; māna m. »*Stolz*«]
⟶ mnā

mantr mantrayati; -te {X Ā}, mantrita »*reden, (be)raten*« {guptaparibhāṣaṇe X, 140} **ppf** mantrayām āsa/cakāra **ft** mantrayiṣyati; -te **gdv** mantrya, mantritavya, mantraṇīya **inf** mantrayitum **abs** mantrayitvā [mantra m. »*(Zauber-)Spruch; Rat, Beratung*«, mantrin m. »*Minister*«]

manth ⟶ math/manth

marj → mṛj

malinay malinayati (Denom.) malinita *»beschmutzen«* [v. malina *»schmutzig«*]

mah mahayati {X PĀ}, mahita *»verehren; sich ergötzen«* {pūjāyām X, 321} **ps** mahyate **gdv** mahanīya **abs** mahitvā

mahīy mahīyate (Denom.) — *»übermütig sein, in Ehren stehen bei«* [v. mahant *»groß«*]

mā māti {II P} | mimīte {III Ā}, mita *»messen, passen (in)«* {māne II, 53 | māne śabde ca III, 6} **ind** māti | mime, mimīṣe, mimīte, mimate **pf** mamau; mame, mamire **ps** mīyate **ps ao** amāyi **gdv** meya, -mātavya **inf** mātum/mitum **abs** mitvā, -māya **cs** māpayati **cs gdv** māpya **ds** mitsati [mita *»bemessen, klein«*; nirmāṇa n. *»Werk«*]

mārg mārgati; -te {I PĀ}, mārgita *»suchen«* {anveṣaṇe X, 302} **ft** mārgiṣyati **gdv** mārgitavya **inf** mārgitum **abs** mārgitvā **cs** mārgayati [mārga m. *»Pfad«*]

mārṣṭ → mṛj

mil milati {VI PĀ}, milita *»zusammenkommen; sich einstellen«* {saṃgame VI, 135} **pf** mimiluḥ **ft** miliṣyate **gdv** militavya, melanīya **inf** militum **abs** militvā, -milya **cs** melayati [mela m., melana n. *»Zusammenkunft«*]

miśr miśrayati {X PĀ}, miśrita *»mischen«* {saṃparke X, 375} **ppf** miśrayām āsa **abs** miśrayitvā [miśra *»vermischt; mannigfach«*, °miśra *»mit ...«*]

miṣ miṣati; -te {VI P}, miṣita *»(Augen, Knospen) öffnen«* {spardhāyām VI, 60} **pf** mimeṣa **abs** -miṣya [un-meṣa m. *»Öffnen der Augen«*, ni-meṣa m. *»Schließen der Augen«*]

mih mehati; -te {I P}, mīḍha *»urinieren«* {secane I, 1041} **cs** mehayati

mī -minoti {IX PĀ}, -mīta *»mindern«* {hiṃsāyām IX, 4} **ps** -mīyate {Ā IV, 29} **gdv** -mātavya **cs** -māpayati

mīl mīlati; -te {I P}, mīlita *»die Augen schließen«* {nimeṣaṇe I, 550} **pf** mimīla **ps** mīlyate **abs** -mīlya **cs** mīlayati; -te **cs ao** amimīlat

mukulay/mukulāy mukulayati; mukulāyate (Denom.) mukulita *»knospen; sich schließen«* [v. mukula n. *»Knospe«*]

muc muñcati; -te {VI PĀ}, mukta *»lösen, befreien, verlassen, (Pfeil) abschießen«* {mokṣaṇe VI, 136} **pf** mumoca; mumuce **ao** amucat; amukta **ft** mokṣyati; -te **ps** mucyate **ps ao** amoci **gdv** mocya, moktavya, mocanīya **inf** moktum **abs** muktvā, -mucya [oft nur: *»ohne, außer«*] **cs** mocayati; -te {PĀ pramocane X, 203} **cs ao** amūmucat **cs ps** mocyate **ds** mumukṣati/mokṣate; mumukṣate **ds gdv** mokṣayitavya **cs ds** mumocayiṣati/mumokṣayiṣati [mokṣa m. *»Befreiung«*]
→ mokṣ(ay)

muṇḍ(ay) muṇḍayati {I P}, muṇḍita *»kahlscheren«* {khaṇḍane I, 348}

mud modate; -ti {I Ā}, mudita *»fröhlich sein«* {harṣe I, 16} **pf** mumoda; mumude **ft** modiṣyate **ps** mudyate **gdv** modanīya **inf** moditum **cs** modayati; -te {PĀ saṃsarge X, 200} [ā-moda m. *»Freude; Wohlgeruch«*]

mudray mudrayati (Denom.) mudrita *»(ver)siegeln, stempeln«* **gdv** mudritavya [v. mudrā f. *»Siegel«*]

muṣ muṣṇāti {IX P} | muṣati, muṣita/muṣṭa *»(be)stehlen, plündern«* {steye IX, 58} **pf** mumoṣa **ps** muṣyate **ps ao** amoṣi **gdv** moṣya, muṣitavya **abs** muṣitvā, -muṣya [saṃ-pra-moṣa m. *»Schwund«*]

muh muhyati; -te {IV P}, mugdha/mūḍha *»sich verwirren; ohnmächtig werden; fehlschlagen«* {vaicitye IV, 89} **pf** mumoha; mumuhe **ft** mohiṣyati **ps** muhyate **cs** mohayati; -te **cs ps** mohyate **cs ppp** mohita **is** momuhyate [mūḍha *»verwirrt«*; mugdha *»unschuldig, naiv«*]

mūtray mūtrayati; -te (Denom.) mūtrita *»harnen«* [v. mūtra n. *»Harn«*]

mūrch/murch mūrcchati {I P}, mūrcchita/mūrta *»gerinnen, erstarren; ohnmächtig werden«* {mohasamucchrāyayoḥ I, 227} **pf** mumūrccha **cs** mūrcchayati; -te [mūrta *»fest geworden, körperhaft«*, mūrti f. *»Götterstatue«*; mūrcchita *»ohnmächtig«*]

mṛ — {VI Ā}, mṛta *»sterben«* {prāṇatyāge VI, 110} **pf** mamāra, mamartha, mamriva, mamruḥ **ft** mariṣyati; -te **ps** mriyate; -ti *»sterben«* **gdv** martya, martavya **inf** martum **abs** mṛtvā **cs** mārayati **cs ao** amīmarat **ds** mumūrṣati **is** marīmarti [mṛtyu m. *»Tod, Todesgott«*]

mṛg mṛgayate {X Ā}, — *»jagen; (er)suchen«* {anveṣaṇe X, 352} **ppf** mṛgayām āsa/cakāra **ft** mṛgayiṣyati; -te **ps** mṛgyate **inf** mṛgayitum **abs** mṛgayitvā [mṛga m. *»Gazelle«*]

mṛj mārṣṭi; mṛṣṭe {II P} | mārjati; -te | mṛjati; -te, mṛṣṭa/mṛjita *»(ab)wischen; entfernen«* {śuddhau II, 57} **ind** mārṣṭi, mṛṣṭaḥ, mṛjanti; mṛṣṭe, mṛjate | mārjati; -te | mṛjati; -te **op** mṛjyāt **ipv** mārjāni, mṛḍḍhi, mārṣṭu, mṛṣṭām, mṛjantu **imp** amārṭ, amṛṣṭām, amṛjan **pf** mamārja, mamṛjuḥ; mamṛje **ao** amārjīt/amārkṣīt/amṛkṣat **ps** mṛjyate **gdv** mṛjya/mārgya, mārṣṭavya, mārjanīya **inf** mărṣṭum/mārjitum **abs** mṛṣṭvā/mārjitvā, -mṛjya **cs** mārjayati; -te {PĀ śaucālaṅkārayoḥ X, 304} **cs ppp** mārjita **cs gdv** mārjya **cs abs** -mārjya **is** marmṛjyate

mṛd mṛdnāti {IX P} | mardati; -te, mṛdita *»(ver- , zer-, ab-)reiben«* {kṣode IX, 43} **pf** mamarda, mamarduḥ **ps** mṛdyate **gdv** marditavya, mardanīya **inf** marditum **abs** mṛditvā, -mṛdya **cs** mardayati; -te **cs ao** amīmṛdat **cs ps** mardyate **cs ppp** mardita **ds** mimardiṣati [mṛd f. *»Erde«*]

mṛś mṛśati; -te {VI P}, mṛṣṭa/mṛśita *»berühren; überlegen«* {āmarśane VI, 131} **pf** mamarśa, mamṛśuḥ; mamṛśe **ps** mṛśyate **gdv** -mṛśya, -mṛṣṭavya/-marṣṭavya, -marśanīya **inf** marṣṭum **abs** -mṛśya **cs** marśayati [vi-marśa m. *»Erwägung«*]

mṛṣ mṛṣyate; -ti {VI ĀP}, mṛṣita *»ertragen, vernachlässigen«* {titikṣāyām IV, 55} **pf** mamṛṣe **ps** mṛṣyate **gdv** marṣaṇīya **abs** -mṛṣya **cs** marṣayati; -te {PĀ X, 305}

mṛṣṭ → mṛj

mokṣ(ay) mokṣayati {X PĀ}, mokṣita *»befreien; schleudern«* {asane X, 191} **gdv** mokṣayitavya **inf** mokṣayitum **abs** mokṣayitvā [v. mokṣa m. *»Befreiung«*] → muc

mnā (ā-)manati {I P}, (ā-)mnāta *»erwähnen, überliefern«* {abhyāse I, 976} **ao** amnāsīt, amnāsiṣuḥ **ps** (ā-)mnāyate **inf** (ā-)mnātum [ā-mnāya m. *»Überlieferung«*]

mlā/mlai mlāyati; -te {I P}, mlāna *»welken, hinschwinden«* {harṣakṣaye I, 953} **ind** mlāyati, mlāyanti/mlānti; mlāyate **pf** mamlau **inj** mā mlāsīḥ **cs** mlăpayati [mlāni f. *»Welken; Erschöpfung«*]

yacch → yam

yaj yajati; -te {I PĀ}, iṣṭa *»opfern, verehren«* {devapūjāsaṃgatikaraṇayajanadāneṣu I, 1051} **pf** iyāja; īje **ao** ayākṣīt; ayaṣṭa **ft** yakṣyati; -te **ps** ijyate **gdv** ijya, yaṣṭavya, yajanīya **inf** yaṣṭum **abs** iṣṭvā **cs** yājayati; -te **cs gdv** yājanīya **ds** yiyakṣati; -te [yajamāna m. *»Opferpatron«*; yajña m. *»Opfer«*]

yat yatate; -ti {I Ā}, yat(i)ta *»sich bemühen, streben«* {prayatne I, 30} **ft** yatiṣyate; -ti **ps** yatyate **gdv** yatitavya, yatanīya **inf** yatitum **abs** -yatya **cs** yātayati; -te *»quälen«* {PĀ nikāropaskārayoḥ X, 196} [(pra-)yatna m. *»Mühe«*]

yantr yantrayati {X PĀ}, yantrita *»binden, fesseln«* {saṃkoce X, 3} **ps** yantryate **inf** yantrayitum **abs** yantrayitvā, -yantrya [yantra n. *»Maschine«*]

yam yacchati; -te {I P} | yamati; -te, yata *»zügeln; darreichen«* {uparame I, 1033} **pf** yayāma, yayantha, yemuḥ; yeme **ft** yamiṣyati **ps** yamyate **gdv** -yamya, yantavya/yamitavya, -yamanīya **inf** yantum/yamitum **abs** ya(mi)tvā, -yamya **cs** yămayati; yamayate {PĀ pariveṣaṇe X, 82} [yama m. *»Observanz; Todesgott«*]

yas yasyati {IV P}, yas(i)ta *»sich anstrengen«* {prayatne IV, 101} **ao** ayasat **cs** yāsayati [ā-yāsa, pra-yāsa m. *»Anstrengung«*]

yā yāti {II P}, yāta *»gehen«* {prāpaṇe II, 40} **op** yāyāt **ipv** yātu **imp** ayāt, ayān/ayuḥ **pf** yayau; yaye **ao** ayāsīt **ft** yāsyati; -te **pft** yātā **ps** yāyate **gdv** yātavya **inf** yātum **abs** yātvā, -yāya **cs** yāpayati **ds** yiyāsati [pra-yāṇa n. *»Aufbruch, Reise«*]

yāc yācati; -te {I PĀ}, yācita *»flehen, (er)bitten«* {yācñāyām I, 916} **pf** yayāce **ao** ayācīt **ft** yāciṣyate **ps** yācyate **gdv** yācya, yācitavya, yācanīya **inf** yācitum **abs** yācitvā, -yācya **cs** yācayati; -te [yācaka m. *»Bittsteller«*; yācñā f. *»Bitten; Bitte«*]

yu yauti {II P}, yuta *»befestigen; in Besitz nehmen«* {miśraṇe II, 23} **ind** yauti, yuvanti **op** yuyāt **ipv** yautu, yuvantu **imp** ayaut, ayuvan **abs** -yūya

yuj yunakti; yuṅkte {VII PĀ} | yuñjati; -te, yukta *»zusammenfügen; anwenden; den Geist auf einen Punkt richten, beauftragen«* {yoge VII, 7} **ind** yunajmi, yunakṣi, yunakti, yujmaḥ, yuṅktha, yuñjanti | yuñjati, -te **imp** ayunajam, ayunak, ayunak, ayuñjva | ayuñjata **pf** yuyoja; yuyuje **ao** ayujat; ayukta **ft** yokṣyati; -te **ps** yujyate {Ā samādhau IV, 68} **ps ao** ayoji/ayukṣi **gdv** yojya, yoktavya, yojanīya **inf** yoktum **abs** yuktvā, -yujya **cs** yojayati; -te {PĀ saṃyamane X, 264} **cs ao** ayūyujat **cs ps** yojyate **cs gdv** yojayitavya **ds** yuyukṣati [yoga m. Name eines philosophischen Systems]

yudh yudhyate; -ti {IV Ā}, yuddha *»(be)kämpfen«* {saṃprahāre IV, 64} **pf** yuyudhe; yuyodha **ao** ayuddha; ayodhīt **inj** mā yotsīḥ **ft** yotsyati; -te **pft** yoddhā **ps** yudhyate **gdv** yodhya, yoddhavya, yodhanīya **inf** yoddhum **abs** yuddhvā, -yudhya **cs** yodhayati; -te **ds** yuyutsati; -te [yudh m. *»Kämpfer«*, f. *»Kampf, Schlacht«*]

rakṣ rakṣati; -te {I P}, rakṣita *»schützen«* {pālane I, 688} **pf** rarakṣa **ao** arakṣīt

ft rakṣiṣyati **pft** rakṣitā **ps** rakṣyate **gdv** rakṣya, rakṣitavya, rakṣaṇīya **inf** rakṣitum **abs** rakṣitvā, -rakṣya **cs** rakṣayati **ds** rirakṣiṣati [raksaṇa n., rakṣā f. *»Schützen, Bewachen«*]

rac racayati {X PĀ}, racita *»verfertigen«* {pratiyatne X, 318} **ppf** racayām āsa **ao** arīracat **ps** racyate **ps ao** araci **inf** racayitum **abs** racayitvā [racanā f. *»Erzeugen; literarisches Werk«*]

raj/rañj rajyati; -te {IV PĀ} | rañjati {I PĀ}, rakta *»sich färben; in Aufregung geraten, verliebt sein«* {rāge IV, 58 | I, 865/1048} **ps** rajyate **gdv** rañjya, ra(ñ)janīya **abs** -rajya **cs** rañjayati; -te [rāga m. *»Leidenschaft«*, rajaka m. *»Färber, Wäscher«*]

raṭ raṭati {I P}, raṭita *»heulen, krächzen«* {paribhāṣaṇe I, 319} **is** rāraṭīti

raṇ/ran raṇati {I P}, raṇita *»klingen, tönen«* {śabdārthaḥ I, 472} **cs** raṇayati

rabh/rambh -ra(m)bhate; -ti {I Ā}, -rabdha *»fassen, ergreifen, unternehmen, beginnen«* {rābhasye I, 1023} **pf** -rebhe **ft** -rapsyate; -ti **ps** -rabhyate **ps ao** -arambhi **gdv** -rabhya, -rabdhavya **inf** -rabdhum **abs** -rabhya **cs** -rambhayati; -te **ds** -ripsate [ā-rambha, prā-rambha m. *»Anfang; Unternehmung«*]

ram ramate; -ti {I Ā}, rata *»sich vergnügen (mit)«* {krīḍāyām I, 906} **pf** reme; rarāma, remuḥ **ao** araṃsīt **ft** raṃsyate; -ti **gdv** ramya, rantavya, ramaṇīya **inf** rantum/ramitum **abs** ra(n)tvā, -ramya **ps** ramyate **cs** rămayati; ramayate **ds** riraṃsate [P wenn transitiv; °rata *»beschäftigt mit ...«*, °vi-rata *»aufgehört zu ...«*]

ras [1] rasati; -te {I P}, rasita *»brüllen, heulen«* {śabde I, 745} **pf** rarāsa, resuḥ

ras [2] rasayati; -te {X PĀ} | rasyati, — *»schmecken; empfinden«* {āsvādanasnehanayoḥ X, 385}

rah rahayati {X PĀ}, rahita *»verlassen«* {tyāge X, 84/312} **inf** rahitum [rahas n. *»Einsamkeit; Geheimnis«*]

rā rāti {II P}, rāta *»geben«* {dāne II, 48} **pft** rātā

rāj rājati; -te {I PĀ}, rājita *»herrschen; glänzen, (er)scheinen«* {dīptau I, 874} **pf** rarāja; reje **ps** rājyate **cs** rājayati

rādh rādhnoti {V P} | rādhyati; -te {IV P}, rāddha *»zu Stande bringen«* {saṃsiddhau V, 16 | vṛddhau IV, 71} **ps** rādhyate **gdv** -rādhya, -rādhanīya **inf** rāddhum **abs** -rādhya **cs** rādhayati **cs ps** rādhyate

rās rāsate; -ti {I Ā}, — *»heulen, schreien«* {śabde I, 657} **pf** rarāse **is** rārāsyate

ric ricyate; -ti {VII PĀ}, rikta *»leer werden«* {virecane VII, 4} **ao** aricat **gdv** -recya, -recanīya **abs** -ricya **cs** recayati {P viyojanasaṃparcanayoḥ X, 273} [°(vi-)rikta *»ohne ...«*]

riṣ riṣyati; -te {I P}, riṣṭa *»Schaden nehmen, schädigen«* {hiṃsārthaḥ I, 725} **cs** reṣayati

ru rauti {II P} | ruvati | ravati; -te, ruta *»brüllen«* {śabde II, 24} **ind** rauti, rutaḥ, ruvanti | ruvati | ravati; -te **pf** rurāva, ruruvuḥ **inf** rotum **cs** rāvayati **cs ao** arūruvat **is** roravīti; rorūyate [rava, rāva m. *»Gebrüll, Ton«*]

ruc rocate; -ti {I Ā}, rucita *»leuchten; jmnd. gefallen«* {dīptāv abhiprītau ca I, 781} **pf** ruruce **ao** arociṣṭa; arucat **ft** rociṣyate **inf** rocitum **cs** rocayati; -te

cs ps rocyate [idaṃ me rocate *»dies gefällt mir«*; ruci f. *»Gefallen, Appetit; Pracht«*]

ruj rujati; -te {VI P}, rugṇa *»zerbrechen; schmerzen«* {bhaṅge VI, 123} **pf** ruroja, rurujuḥ **ps** rujyate **abs** -rujya **cs ao** arūrujat [roga m., ruj f. *»Krankheit«*]

rud roditi {II P} | rudati; -te | rodati; -te, rudita *»(be)weinen«* {aśruvimocane II, 58} **ind** rodimi, rodiṣi, roditi, rudima, ruditha, rudanti | rudati; -te | rodati; -te **op** rudyāt **ipv** rodāni, rudihi, roditu, rodāva, rudantu **imp** arodam, arodaḥ/arodīḥ, arodat/arodīt, arudiva, arudan **pf** ruroda, ruruduḥ; rurude **ao** araudiṣīt **ft** rodiṣyati **ps** rudyate **gdv** roditavya **inf** roditum **abs** ruditvā/roditvā, -rudya **cs** rodayati **ds** rurudiṣati **is** rorudyate

rudh ruṇaddhi; runddhe {VII PĀ} | rodhati | rundhati; -te, ruddha *»zurückhalten; verdecken, belagern; anhalten«* {āvaraṇe VII, 1} **ind** ruṇaddhi, rundhanti; runddhe, rundhate | rodhati | rundhati; -te **pf** rurodha; rurudhe **ao** arudhat/arautsīt **ft** rotsyati; -te **ps** rudhyate **gdv** rodhya, roddhavya/-rodhitavya **inf** roddhum/rodhitum **abs** ru(n)ddhvā, -rudhya **cs** rodhayati/rundhayati **cs ps** rodhyate **ds** rurutsate; -ti [avarodha m. *»Harem«*]

ruṣ ruṣyati; -te {IV P} | ruṣati, ruṣita/ruṣṭa *»zürnen«* {roṣe IV, 120} **cs** roṣayati; -te {PĀ X, 132} [ruṣ f. *»Zorn«*]

ruh rohati; -te {I P} | ruhati; -te, rūḍha *»wachsen; ersteigen«* {bījajanmani I, 912} **pf** ruroha, ruruhuḥ; ruruhe **ao** aruhat **ft** rokṣyati; rokṣyate/rohiṣyate **ps** ruhyate **gdv** -roḍhavya, rohaṇīya **inf** roḍhum/rohitum **abs** -ruhya **cs** rohayati/ropayati; -te **cs ps** ropyate **cs ps ao** aropi **cs gdv** ropaṇīya **ds** rurukṣati

rūp rūpayati {X PĀ}, rūpita *»gestalten, darstellen«* {rūpakriyāyām X, 387} [nirūpaṇa n. *»Bestimmung«*]

rūṣ (saṃ-)roṣayati | — {I P}, rūṣita *»bestäubt, bestreut mit«* {bhūṣāyām I, 709}

lakṣ lakṣayati; -te {X PĀ} | lakṣate; -ti, lakṣita *»bezeichnen; bemerken«* {darśanāṅkanayoḥ X, 5; ālocane X, 157} **ps** lakṣyate **gdv** lakṣya, lakṣ(ay)itavya, lakṣaṇīya **abs** lakṣayitvā, -lakṣya [lakṣaṇa n. *»Definition«*]

lag lagati {I P}, lagna *»haften«* {saṅge I, 823} **ft** lagiṣyati **gdv** laganīya **abs** lagitvā, -lagya **cs** lăgayati

laṅgh laṅghati; -te {I P}, laṅghita *»überspringen«* {gatyarthaḥ I, 108} **ps** laṅghyate **gdv** laṅghya **inf** laṅghitum **abs** laṅghitvā, -laṅghya **cs** laṅghayati {PĀ bhāṣārthaḥ X, 220}

lajj lajjate; -ti {VI Ā}, lajjita *»sich schämen«* {vrīḍe VI, 10} **pf** lalajje, lalajjire **inf** lajjitum **cs** lajjayati [lajjā f. *»Scham«*]

lap lapati; -te {I P}, lap(i)ta *»schwatzen, klagen«* {vyaktāyāṃ vāci I, 429} **pf** lalāpa, lepuḥ **ft** lapiṣyati **ps** lapyate **gdv** -lāpya, -lapitavya, lapanīya **inf** lap(i)tum **abs** -lapya **cs** lāpayati **cs gdv** -lāpya **is** lālapyate [pra-lāpa *»Geschwätz; Wehklage«*]

labh labhate {I Ā}, labdha *»ergreifen, erlangen, wahrnehmen«* {prāptau I, 1024} **pf** lebhe; lalābha **ft** lapsyate; lapsyati/labhiṣyati **pft** labdhā **ps** labhyate **gdv** labhya, labdhavya, la(m)bhanīya **abs** labdhvā, -labhya **cs** lambhayati

ds lipsate; -ti **ds gdv** lipsitavya [su-labha *»leicht zu erlangen«*, dur-labha *»schwer zu erlangen«*]

lamb lambate; -ti {I Ā}, lambita *»(herab)hängen; zögern«* {avasraṃsane I, 404} **pf** lalambe **ft** lambiṣyati; -te **ps** lambyate **gdv** lambya, lambitavya, lambanīya **inf** lambitum **abs** -lambya **cs** lambayati; -te [ava-lamba m. *»Halt, Stütze«*, ava-lambya *»mittels«*]

lambh ⟶ labh

lal lalati; -te {I P}, lalita *»scherzen, spielen«* {vilāse I, 381; īpsāyām I, 382} **cs** lālayati; -te *»hätscheln«* {Ā īpsāyām X, 148} **cs** (ul-)lalayati **cs ps** lālyate **cs gdv** lālya, lālayitavya, lālanīya [lalanā f. *»(tändelnde) Frau«*]

laṣ -laṣati; -te {I PĀ}, -laṣita *»begehren«* {kāntau I, 937} **pf** -lalāṣa, -leṣuḥ **ft** -laṣiṣyati **gdv** -laṣya, -laṣaṇīya [abhi-lāṣa m. *»Verlangen«*]

las lasati; -te {I PĀ}, lasita *»strahlen, (er)scheinen; lustig sein«* {śleṣaṇakrīḍanayoḥ I, 746} **pf** lalāsa **cs** lāsayati **cs ps** lāsyate **cs gdv** lāsya [ul-lāsa m. *»Erscheinen; Freude«*]

likh likhati {VI P}, likhita *»schreiben, ritzen«* {akṣaravinyāse VI, 72} **pf** lilekha **ft** likhiṣyati **ps** likhyate **gdv** likhya/lekhya, lekhanīya **inf** likhitum **abs** likhitvā/lekhitvā, -likhya **cs** lekhayati/likhāpayati **cs ao** alīlikhat [lekha m., lekhā f. *»Strich«*; ul-lekha m. *»Schilderung«*]

lip/limp limpati; -te {VI PĀ}, lipta *»beschmieren«* {upadehe VI, 139} **pf** lilepa, lilipuḥ **ao** alipta **ps** lipyate **ps ao** alepi **gdv** lepya **abs** liptvā, -lipya **cs** lepayati [lipi f. *»Schrift«*]

lih leḍhi; līḍhe {II PĀ} | lihati, līḍha *»lecken«* {āsvādane II, 6} **pf** lileha; lilihe **ps** lihyate **gdv** lehya **abs** -lihya **cs** lehayati **is** lelihyate **is ppa** lelihāna

lī līyate; -ti {IV Ā}, līna *»sich anschmiegen; kauern, verschwinden«* {śleṣaṇe IV, 31} **pf** lilye; lilāya, lilyuḥ **abs** -līya **cs** lāyayati/lāpayati {PĀ dravīkaraṇe X, 269} **cs ps** lāpyate **cs gdv** -lāpya, -lāpayitavya

līlāy līlāyate; -ti (Denom.) līlāyita *»spielen«* [v. līlā f. *»Spiel«*]

luñc luñcati {I P}, luñcita *»rupfen«* {apanayane I, 202} **pf** luluñcuḥ; luluñce **abs** luñcitvā

luṭh [1] luṭhati; -te {VI P}, luṭhita *»sich wälzen«* {saṃśleṣaṇe VI, 87} **pf** luloṭha **cs** loṭhayati **ds** luluṭhiṣate **is** loluṭhīti

luṭh [2]/luṇṭh luṇṭhayati/loṭhayati {X PĀ}, luṇṭhita *»plündern«* {steye X, 27} **ft** luṇṭhiṣyati **ps** luṇṭhyate **inf** luṇṭh(ay)itum **abs** luṇṭhayitvā, -luṇṭhya

luḍ loḍayati | — {I P}, loḍita *»aufrühren, beunruhigen«* {viloḍane I, 336} **ps** loḍyate **abs** -loḍya

lup/lump lumpati; -te {VI PĀ}, lupta *»beschädigen, rauben«* {chedane VI, 136} **pf** lulopa; lulupe **ps** lupyate **gdv** lopya **inf** loptum **abs** luptvā, -lupya **cs** lopayati; -te **cs ao** alūlupat **cs ps** lopyate **is** lolupyate [lopa m. *»Schwund bestimmter gramm. Morpheme; Mangel«*]

lubh lubhyati {IV P}, lubdha *»verlangen nach; anlocken«* {gārdhye IV, 128} **pf** lulobha; lulubhe **gdv** -lobhya, lobhanīya **inf** lobdhum **cs** lobhayati; -te **cs ps** lobhyate

cs abs -lobhya **is** lolubhyate [lobha m. »*Gier*«]

lump ⟶ lup/lump

lul lolati {I P}, lulita »*sich hin und her bewegen*« {viloḍane I, 336} **cs** lolayati [lola »*schwankend; begehrend*«]

lū lunāti; lunīte {IX PĀ}, lūna »*(ab)schneiden*« {chedane IX, 13} **pf** lulāva; luluve **gdv** lavya

lok lokayati; -te {X PĀ} | lokate {I Ā}, lokita »*erblicken, erkennen*« {bhāṣārthaḥ X, 236 | darśane I, 76} **pf** luloke **ppf** -lokayām āsa **ps** lokyate **ps ao** aloki **gdv** -lokya, -lokayitavya, -lokanīya **inf** lokitum **abs** -lokya [loka m. »*Welt*«; ā-loka m. »*Anblick*«]

loc -locayati; -te {X PĀ} | — {I Ā}, -locita »*betrachten, erwägen*« {bhāṣārthaḥ X, 237 | darśane I, 177} **pf** -luloce **ps** -locyate **gdv** -locya, -locanīya **inf** -locitum **abs** -lokya [locana n. »*Auge*«]

vac vakti {II P}, ukta »*sprechen*« {paribhāṣaṇe II, 54} **ind** vacmi, vakṣi, vakti, vacvaḥ, vakthaḥ, vaktaḥ, vacmaḥ, vaktha, [vadanti, ergänzt v. ⟶ vad] **op** vacyāt **ipv** vacāni, vagdhi, vaktu **imp** avacam, avak, avak, avacva, avaktam, avaktām, avacma, avakta, [avadan, ergänzt v. ⟶ vad] **pf** uvāca, ūcuḥ; ūce, ūcire **ao** avocat; avocata **ft** vakṣyati; -te **pft** vaktā **ps** ucyate **ps ao** avoci/avāci **gdv** vācya, vaktavya, vacanīya **inf** vaktum **abs** uktvā, -ucya **cs** vācayati; -te {PĀ X, 298} **cs ps** vācyate **cs gdv** vācanīya **ds** vivakṣati; -te **ds ps** vivakṣyate [vāc f. »*Rede*«; vacana n. »*Reden*«, eka°, dvi°, bahu-vacana n. »*Singular, Dual, Plural*«]

vañc vañcayati {X Ā}, vañcita »*entkommen; täuschen*« {pralambhane X, 163} **ps** va(ñ)cyate **gdv** vañcayitavya, vañcanīya **inf** vañcitum [vañcana n. »*Betrug*«]

vad vadati; -te {I P}, udita »*reden*« {vyaktāyāṃ vāci I, 1058} **pf** uvāda, ūduḥ **ao** avādīt **ft** vadiṣyati **ps** udyate **ps ao** avādi **gdv** vādya, vaditavya **inf** vaditum **abs** uditvā, -udya **cs** vādayati; -te {PĀ saṃdeśavacane X, 297} **cs ppp** vādita **cs gdv** -vādanīya **ds** vivadiṣati [vāda m. »*Rede; Lehre*«, vādin »*redend*«, °vādin m. »*Vertreter einer Lehre*«]

vadh [hanti {II P}, hata] »*töten, schlagen*« **ao** avadhīt **ft** vadhiṣyati; -te **ps** vadhyate **ps ao** avadhi **gdv** vadhya **cs** vadhayati [unvollständiges, präsentische Formen und PPP werden von ⟶ han ergänzt]

vand vandate; -ti {I Ā}, vandita »*ehren, begrüßen*« {abhivādanastutyoḥ I, 11} **pf** vavande **ps** vandyate **gdv** vandya, vanditavya, vandanīya **inf** vanditum **abs** vanditvā, -vandya **cs** vandayati [pāda-(abhi-)vandana n. »*Verehrung der Füße = ehrfurchtsvolle Verehrung*«]

vap vapati; -te {I PĀ}, upta »*säen*« {bījasaṃtāne I, 1052} **pf** uvāpa, uvapitha/uvaptha, ūpuḥ **ao** avāpsīt **ft** vapsyati/vapiṣyati **ps** upyate **gdv** vāpya, vaptavya, vapanīya **abs** uptvā, -upya **cs** vāpayati

vam vamati {I P} | vamiti, vānta »*erbrechen*« {udgiraṇe I, 868/902} **ind** vamiti | vamati, vamanti **imp** avamat **pf** vavāma, vemuḥ **gdv** vamitavya **inf** vamitum **abs** vamitvā **cs** vămayati **cs gdv** vāmanīya

varṇ varṇayati {X PĀ}, varṇita *»bemalen; beschreiben; erzählen«* {varṇakriyā-vistaraguṇavacaneṣu X, 391; preraṇe X, 18} **ppf** varṇayām āsa/cakāra **ps** varṇyate **gdv** varṇayitavya, varṇanīya **inf** varṇ(ay)itum [varṇana n. *»Schilderung«*]

val valate; -ti {I Ā}, valita *»sich wenden; sich äußern«* {saṃvaraṇe I, 520} **pf** vavale **abs** valitvā **cs** valayati

valg valgati; -te {I PĀ}, valgita *»hüpfen«* {gatyarthaḥ I, 152} **pf** vavalga

vaś vaṣṭi {II P}, — *»verlangen«* {kāntau II, 70} **ind** vaśmi, vakṣi, vaṣṭi, uśvaḥ, uṣṭhaḥ, uṣṭaḥ, uśmaḥ, uṣṭha, uśanti **op** uśyāt **ipv** vaśāni, uḍḍhi, vaṣṭu, vaśāva, uṣṭam, uṣṭām, vaśāma, uṣṭa, uśantu **imp** avaśam, avaṭ, avaṭ, auśva, auṣṭam, auṣṭām, auśma, auṣṭa, auśan **inj** mā vaśīḥ **cs** vaśayati [vaśa m. *»Wille, Wunsch«*]

vas [1] vaste {II Ā}, vasita *»anziehen, sich kleiden«* {ācchādane II, 13} **ind** vaste, vasate **pf** vavase **gdv** vasitavya **inf** vasitum **abs** vasitvā, -vasya **cs** vāsayati; -te **cs ppp** vāsita **cs gdv** vāsya [carma-vasana *»in Fell gekleidet«*]

vas [2] vasati; -te {I P}, uṣita/uṣṭa/vasita *»wohnen«* {nivāse I, 1054} **pf** uvāsa, ūṣuḥ **ao** avātsīt **ft** vatsyati/vasiṣyati; vatsyate **ps** uṣyate **gdv** -uṣya, vastavya/-uṣitavya **inf** vas(i)tum **abs** uṣitvā/uṣṭvā, -uṣya **cs** vāsayati, -te **cs ps** vāsyate **cs ppp** vāsita **cs gdv** vāsya, vāsayitavya [ni-vǎsana n. *»Behausung«*]

vah vahati; -te {I PĀ}, ūḍha *»fahren; etw. befördern; erdulden«* {prāpaṇe I, 1053} **pf** uvāha, ūhuḥ **ao** avākṣīt **ft** vakṣyati/vahiṣyati; vakṣyate **ps** uhyate **ps ao** avāhi **gdv** vāhya **inf** voḍhum **abs** -uhya **cs** vāhayati; -te **cs ps** vāhyate **cs gdv** vāhanīya **is** vāvahīti [vāhana n. *»Gefährt«*, ati-vāhana n. *»Verbringen«*]

vā [1] vāti {II P} | vāyati; -te, vāna *»wehen, sich verbreiten; erschöpft werden«* {gati-gandhanayoḥ II, 41} **pf** vavau **ft** vāsyati **inf** vātum **cs** vāpayati **cs gdv** vāpayitavya [nir-vāṇa n. *»Befreiung (rel.)«*]

vā [2] ⟶ ve/vā/vi

vāñch vāñchati {I P}, vāñchita *»begehren«* {vāñchāyām I, 223} **ps** vāñchyate **cs** vāñchayati [vāñchā f. *»Begehren«*]

vāś vāśyate; -ti {IV Ā} | vāśati; -te, vāśita *»brüllen«* {śabde IV, 54} **pf** vavāśe **ps** vāśyate **abs** vāśitvā, -vāśya **is** vāvāśyate

vāh vāhate {I Ā}, vāhita *»drängen, drücken«* {prayatne I, 674} **cs** vāhayati

vi ⟶ ve/vā/vi

vighnay vighnayati (Denom.) vighnita *»hindern«* [vighna m. *»Hindernis«*]

viḍamb ⟶ ḍamb

vic -vinakti {VII PĀ}, -vikta *»sondern; erwägen«* {pṛthagbhāve VII, 5} **ft** -vekṣyati **ps** -vicyate **gdv** -vekya, -vektavya **inf** -vektum **abs** -vicya **cs** -vecayati [vi-veka m. *»Untersuchung; Verstand«*]

vij vijate; -ti {VI Ā} | vejate, vigna *»wanken, zittern«* {bhayacalanayoḥ VI, 9} **pf** vivije **ft** vijiṣyati/vejiṣyati **abs** -vijya **cs** vejayati; -te [vega m. *»Hast, Kraft«*; ud-vega m. *»Zittern«*]

vid [1] vetti {II P} | veda, vidita *»wissen, erkennen«* {jñāne II, 55} **ind** vedmi, vetsi, vetti, vidvaḥ, vitthaḥ, vittaḥ, vidmaḥ, vittha, vidanti **präs. pf** veda, vettha, veda, vikṣa, vidathuḥ, vidatuḥ, vidma, vida, viduḥ **op** vidyāt **ipv** vedāni, viddhi, vettu, vedāva, vittam, vittām, vedāma, vitta, vidantu **imp** avedam, aveḥ/avet, avet, avidva, avittam, avittām, avidma, avitta, aviduḥ **pf** viveda **ppf** vidāṃ cakāra **ao** avedīt **ft** vetsyati; -te **pft** vettā **ps** vidyate **gdv** vedya, veditavya, vedanīya **inf** veditum/vettum **abs** viditvā **cs** vedayati; -te **cs ppf** -vedayām āsa **cs ps** vedyate **ds** vividiṣati/vivitsati [veda m. *»der Veda, (heiliges) Wissen«*]

vid [2]/vind vindati; -te {VI PĀ}, vitta/vinna *»finden«* {lābhe VI, 138} **pf** viveda; vivide **ao** avidat; avidata **ft** vetsyati; -te **ps** vidyate *»es gibt«* {Ā sattāyām IV, 62} **gdv** vedya, vettavya, vedanīya **inf** vettum **abs** vittvā, -vidya **cs** vedayati **ds** vivitsati [vitta n. *»Vermögen«*]

vidh ⟶ vyadh

vip/vep vepate; -ti {I Ā}, — *»zittern, beben«* {kampane I, 391} **cs** vepayati

viś viśati; -te {VI P}, viṣṭa *»eintreten«* {praveśane VI, 130} **pf** viveśa, viviśuḥ; viviśe **ao** avikṣat **ft** vekṣyati; -te **ps** viśyate **ps ao** aveśi **gdv** veśya, veṣṭavya, -veśanīya **inf** veṣṭum **abs** -viśya **cs** veśayati; -te **cs ppf** -veśayām āsa **cs ao** avīviśat **cs ps** veśyati **cs gdv** -veśayitavya **ds** vivikṣati [pra-veśa m. *»Eintritt; das Auftreten (im Schauspiel)«*]

vī ⟶ vyā/vye/vī

vīj vījati; -te {I PĀ}, — *»befächeln«* {vyañjane} **pf** vivyajuḥ **cs** vījayati **cs ps** vījyate

vṛ [1] vṛṇoti; vṛṇute {V PĀ}, vṛta *»verhüllen, abwehren«* {varaṇe V, 8} **pf** vavāra, vavartha, vavṛva, vavruḥ; vavre **ps** vriyate **gdv** vārya, varitavya, varaṇīya **inf** varĭ̄tum **abs** -vṛtya **cs** vārayati {āvaraṇe X, 271} **cs ps** vāryate **cs gdv** -vāraṇīya, vārayitavya [ā-varaṇa n. *»Verhüllung, Gewand«*]

vṛ [2]/vṝ vṛṇīte; vṛṇāti {IX Ā} | vṛṇoti; vṛṇute {V PĀ}, vṛta *»wählen«* {varaṇe IX, 16/20 | V, 8} **pf** vavre **ps** vriyate **gdv** vṛtya/vārya, varītavya, varaṇīya **inf** varītum **abs** -vṛtya **cs** vărayati; varayate {āvaraṇe X, 271} **cs gdv** varayitavya [vara *»vorzüglich«*, m. *»Segenswunsch; Geliebter«*]

vṛṃh ⟶ bṛṃh

vṛj varjayati; -te {X PĀ}, varjita/vṛkta *»beseitigen, verzichten auf«* {varjane X, 270} **ppf** varjayām āsa **ps** varjyate **gdv** varjya, varjayitavya, varjanīya **abs** varjayitvā [oft nur: *»ohne, außer«*; °varjita *»ohne ...«*]

vṛt vartate; -ti {I Ā}, vṛtta *»sich drehen, existieren«* {vartane I, 795} **pf** vavṛte; vavarta, vavṛtuḥ **ao** avṛtat **ft** vartsyate/vartiṣyate; -ti **pft** vartitā **gdv** -vartya, vart(i)tavya, vartanīya **inf** vartitum **abs** vartitvā, -vṛtya **cs** vartayati; -te **cs gdv** -vartayitavya **is** varīvṛtyate [vṛtti f. *»Geschehen; Lebensunterhalt; Kommentar zu einem Sūtra«*; vārttā f. *»Kunde, Nachricht«*]

vṛdh vardhati; -te {I P}, vṛddha *»wachsen (lassen)«* {vṛddhau I, 796} **pf** vavardha; vavṛdhe **ao** avṛdhat; avardhiṣṭa **ft** vartsyati **gdv** vardhitavya, vardhanīya **inf** vardhitum **cs** vardhayati/vardhāpayati; vardhayate **cs ao** avīvṛdhat [vṛddha *»alt«*]

vṛśc ⟶ vraśc

vṛṣ varṣati; -te {I P}, vṛṣṭa *»(be)regnen«* {secane I, 738} **pf** vavarṣa, vavṛṣuḥ/vavarṣuḥ; vavṛṣe **ft** varṣiṣyate **gdv** vṛṣya/varṣya **inf** varṣitum **abs** -vṛṣya **cs** varṣayati {Ā śaktibandhane X, 164} **cs ao** avīvṛṣat [varṣa m./n., vṛṣṭi f. »*Regen*«]

vṛh → bṛh

vṝ → vṛ [2]/vṝ

ve/vā/vi vayati; -te {I PĀ}, uta »*weben*« {tantusaṃtāne I, 1055} **pf** ūyate **gdv** vātavya

vep → vip/vep

vell vellati {I P}, vellita »*schwanken, taumeln*« {calane I, 573}

veṣṭ veṣṭate {I Ā}, veṣṭita »*sich winden, sich hängen an*« {veṣṭane I, 274} **ps** veṣṭyate **gdv** -veṣṭanīya **cs** veṣṭayati; -te »*umhüllen; kleiden*« **cs inf** veṣṭitum

vyath vyathate; -ti {I Ā}, vyathita »*schwanken*« {bhayacalanayoḥ I, 801} **pf** vivyathe; vivyathuḥ **inj** mā vyathiṣṭhāḥ **inf** vyathitum **cs** vyathayati **cs ps** vyathyate [vyathā f. »*Schmerz, Fehlschlag*«]

vyadh vidhyati; -te {IV P}, viddha »*durchbohren*« {tāḍane IV 72} **pf** vivyādha, vividhuḥ; vivyadhe **ps** vidhyate **gdv** vyadhya/vedhya, veddhavya, **inf** veddhum **abs** viddhvā, -vidhya **cs** vyădhayati/vedhayati **cs ao** avīvidhat [°viddha »*behaftet mit ...*«; vyādha(ka) m. »*Jäger*«]

vyay vyayati; -te {I PĀ}, vyayita »*verausgaben*« {gatau I, 930}

vyā/vye/vī vyayati; -te {I PĀ}, vīta »*umhüllen, bergen*« {saṃvaraṇe I, 1056}

vyāpar/vyāpṛ/vyāpri → pṛ

vraj vrajati; -te {I P}, vrajita »*wandern*« {gatau I, 272} **pf** vavrāja, vavrajitha **ao** avrājīt **ft** vrajiṣyati **ps** vrajyate **gdv** -vrajya **inf** vrajitum **abs** vrajitvā, -vrajya **cs** vrājayati {PĀ mārgasaṃskāragatyoḥ X, 75} **cs ps** vrājyate [pari-vrājaka m. »*Wanderasket*«]

vraśc vṛścati {VI P}, vṛkṇa »*abhauen, fällen*« {chedane VI, 11} **ps** vṛścyate **abs** -vṛścya

vrīḍ vrīḍate | — {IV P}, vrīḍita »*sich schämen*« {codane lajjāyāṃ ca IV, 18} **cs** vrīḍayati [vrīḍā f. »*Scham*«]

śaṃs śaṃsati; -te {I P}, śasta/śaṃsita »*hersagen, preisen*« {stutau I, 764} **pf** śaśaṃsa; śaśaṃse **ao** aśaṃsīt **ft** śaṃsiṣyati **ps** śasyate **gdv** śa(ṃ)sya, śastavya/śaṃsitavya, śaṃsanīya **inf** śaṃsitum **abs** śastvā, -śasya **cs** śaṃsayati; -te [pra-śaṃsā f. »*Lob*«]

śak śaknoti {V P}, śak(i)ta »*vermögen, können*« {śaktau V, 15} **ind** śaknoti, śaknuvanti **pf** śaśāka, śekuḥ **ao** aśakat **ft** śakṣyati; -te **ps** śakyate **gdv** śakya **ds** śikṣati **ds gdv** śikṣaṇīya [śakti f. »*Kraft*«]
→ śikṣ

śakalay śakalayati (Denom.) śakalita »*zerstückeln*« [v. śakala m./n. »*Splitter*«]

śaṅk śaṅkate; -ti {I Ā}, śaṅkita »*zweifeln, vermuten*« {śaṅkāyām I, 86} **pf** śaśaṅke **inj** mā śaṅkīḥ **ps** śaṅkyate **gdv** -śaṅkya, śaṅkitavya, śaṅkanīya **inf** śaṅkitum **abs** -śaṅkya **cs** śaṅkayati [śaṅkā f. »*Zweifel, Sorge, Vermutung*«]

śat śātayati; -te, śātita »*vernichten*«

śap śapati; -te {I PĀ}, śap(i)ta »*fluchen; schwören*« {ākrośe I, 1049} **pf** śaśāpa, śepuḥ; śepe **ft** śapiṣyate **ps** śapyate **inf** śap(i)tum **abs** śap(i)tvā, -śapya **cs** śāpayati [śāpa m. »*Fluch*«]

śabday/śabdāy śabdayati; śabdāyate {X PĀ}, śabdita *»rufen, tönen«* {śabdakriyāyām X, 174} **cs** śabdāpayati; -te *»herbeirufen, nennen«* [śabda m. *»Laut«*]

śam [1] śāmyati; -te {IV P}, śānta *»ruhig werden«* {upaśame IV, 92} **pf** śaśāma, śemuḥ **gdv** śamanīya **abs** śamitvā/śāntvā, -śamya **cs** śā̆mayati **cs ao** aśīśamat **cs gdv** śāmya, śamayitavya [śānti f. *»Ruhe«*]

śam [2] (ni-)śāmayati {X Ā}, (ni-)śānta *»gewahr werden«* {ālocane X, 156} **ps** (ni-)śā̆myate **gdv** -śāmayitavya

śaś śaśati {I P}, śaśita *»springen«* {plutagatau I, 762} [śaśa m. *»Hase«*; śaśin m. *»Mond«*]

śas śasati {I P}, śasta *»schneiden, schlachten«* {hiṃsāyām I, 763} **imp** aśasat **pf** śaśāsa **abs** -śasya [śastra n. *»Klinge«*]

śā/śi śiśāti; śiśīte | — {IV P | V PĀ}, śita/śāta *»schärfen, wetzen«* {tanūkaraṇe IV, 37 | niśāne V, 3}

śāt ⟶ śat

śās śāsti {II P} | śāsati; -te, śās(i)ta/śiṣṭa *»anweisen; unterweisen; züchtigen«* {anuśiṣṭau II, 66} **ind** śāsmi, śāsti, śāsti, śiṣvaḥ, śiṣmaḥ, śiṣṭha, śāsati | śāsati; -te **op** śiṣyāt **ipv** śāsāni, śādhi, śāstu, śāsāva, śiṣṭam, śiṣṭām, śāsāma, śiṣṭa, śāsatu **imp** aśāsam, aśāḥ/aśāt, aśāt, aśiṣva, aśiṣma, aśiṣṭa, aśāsuḥ **pf** śaśāsa, śaśāsuḥ **ao** aśiṣat **ft** śāsiṣyati **ps** śāsyate/śiṣyate **gdv** śāsya/śiṣya, śāsitavya, śāsanīya **inf** śāstum **abs** śāsitvā, -śāsya [śāstra n. *»Lehrbuch«*]

śikṣ śikṣate {I Ā}, śikṣita *»lernen, versuchen«* {vidyopādāne I, 636} **ft** śikṣiṣyate **ps** śikṣyate **gdv** śikṣaṇīya **inf** śikṣitum **abs** śikṣitvā, -śikṣya **cs** śikṣayati [śikṣā f. *»Unterweisung«*]
⟶ śak

śithilay śithilayati (Denom.) śithilita *»lockern, lösen«* [v. śithila *»locker«*]

śiṣ śinaṣṭi {VII P}, śiṣṭa *»übrig lassen«* {viśeṣaṇe VII, 14} **ind** śinaṣṭi, śiṃṣvaḥ, śiṃṣanti **ipv** śinaṣāṇi, śiṅki, śinaṣṭu **ps** śiṣyate **gdv** śeṣya **abs** śiṣṭvā, -śiṣya **cs** śeṣayati {PĀ asarvopayoge X, 274} **cs ps** śeṣyate [śeṣa m./n. *»Rest«*]

śī śete {II Ā} | śayate; -ti, śayita *»liegen, (ein)schlafen«* {svapne II, 22} **ind** śaye, śeṣe, śete, śevahe, śayāthe, śayāte, śemahe, śedhve, śerate | śayate; -ti **op** śayīta **ipv** śayai, śeṣva, śetām, śayāvahai, śayāthām, śayātām, śayāmahai, śedhvam, śeratām **imp** aśayi, aśethāḥ, aśeta, aśevahi, aśayāthām, aśayātām, aśemahi, aśedhvam, aśerata **pf** śiśye, śiśyire **ao** aśayiṣṭa **ft** śayiṣyate/śeṣyate; -ti **pft** śayitā **gdv** śayitavya, śayanīya **inf** śayitum **abs** śayitvā, -śayya **cs** śāyayati; -te **cs ppp** śāyita **cs ao** aśīśayat **ds** śiśayiṣate [śayana n. *»Bett«*]

śī ⟶ śyā/śyai/śī

śīl śīlayati {X P}, śīlita *»üben, pflegen zu tun; bewohnen; besorgen«* {upadhāraṇe X, 332} **op** śīlayet **gdv** śīlayitavya, śīlanīya **inf** śīlayitum **abs** śīlayitvā [śīla n. *»(guter) Charakter«*]

śuc śocati; -te {I P}, śucita *»Schmerz empfinden; (be)trauern«* {śoke I, 198} **pf** śuśoca **ao** aśucat **ft** śociṣyati **gdv** śocya, śocitavya, śocanīya **inf** śocitum **abs** śocitvā **cs** śocayati **cs ps** śocyate [śoka m. *»Schmerz, Kummer«*]

śudh śudhyati; -te {IV P}, śuddha *»reinigen«* {śauce IV, 82} **gdv** śodhya, śodhanīya **cs** śodhayati **cs ps** śodhyate **cs gdv** śodhayitavya [śuddhi f. *»Reinigung, Läuterung«*]

śubh śobhate; -ti {I ĀP} | śumbhati {VI P}, śubhita *»schmücken; erscheinen«* {bhāsane ca I, 459/460; dīptau I, 786 | śobhārthe VI, 33} **pf** śuśubhe; śuśobha **ft** śobhiṣyati **ps ao** aśobhi **cs** śobhayati **ds** śuśobhiṣate **is** śośubhyate [śobhā f. *»Schönheit«*]

śuṣ śuṣyati; -te {IV P}, śuṣka *»trocknen«* {śoṣaṇe IV, 74} **gdv** śoṣya, śoṣaṇīya **abs** -śuṣya **cs** śoṣayati; -te **cs ps** śoṣyate [śuṣka meist nur adj. *»trocken«*]

śṛ/śṝ śṛṇāti {IX P}, śīrṇa *»zerbrechen«* {hiṃsāyām IX, 18} **ps** śīryate

śc(y)ut śc(y)otati {I P}, śc(y)utita *»träufeln«* {kṣaraṇe I, 41}

śyā/śyai/śī śyāyate {I Ā}, śīta/śyāna/śīna *»gefrieren, gerinnen lassen«* {gatau I, 1012} **gdv** -śyāya

śram śrāmyati {IV P} | śramati; -te, śrānta *»müde werden«* {tapasi khede ca IV, 95} **pf** śaśrāma, śaśramuḥ **ps** śramyate **gdv** śrāntavya, śramaṇīya **inf** śramitum **abs** -śramya **cs** śrămayati [śrama m. *»Anstrengung, Ermüdung«*; vi-śrama m. *»Ruhe, Erholung«*]

śrambh -śrambhate {I Ā}, -śrabdha *»vertrauen«* {pramāde I, 420; viśvāse I, 794} **gdv** -śrambhaṇīya **inf** -śrambhitum **abs** -śrabhya **cs** -śrambhayati **cs ppp** -śrambhita [vi-śrambha m. *»Vertrauen«*]

śri śrayati; -te {I PĀ}, śrita *»lehnen an; gelangen zu«* {sevāyām I, 945} **pf** śiśrāya; śiśriye **ao** aśiśriyat **ft** śrayiṣyati; -te **ps** śrīyate **gdv** -śrayitavya, śrayaṇīya **inf** śrayitum **abs** śrayitvā, -śritya [ā-śritya *»mittels«*; °ā-śrita *»in ... lebend«*]

śru śṛṇoti; śṛṇute | — {I P}, śruta *»hören«* {śravaṇe I, 989} **ind** śṛṇoti, śṛṇutaḥ, śṛṇvanti; śṛṇute **pf** śuśrāva, śuśrotha, śuśrāva, śuśruva, śuśruvathuḥ, śuśruvatuḥ, śuśruma, śuśruva, śuśruvuḥ; śuśruve **ao** aśrauṣīt **ft** śroṣyati; -te **pft** śrotā **ps** śrūyate **ps ao** aśrāvi **gdv** śravya/śrāvya, śrotavya, śravaṇīya **inf** śrotum **abs** śrutvā, -śrutya **cs** śrāvayati; -te **cs gdv** śrāvya, śrāvayitavya, śrāvaṇīya **ds** śuśrūṣate; -ti **ds gdv** śuśrūṣya, śuśrūṣitavya [śruti f. *»orthodoxe Überlieferung, der Veda; Ohr, Hören«*; śravaṇa n. *»Hören«*; śrotṛ m. *»Hörer«*]

ślath ślathati; -te {I PĀ}, ślathita *»lösen, locker werden«* {hiṃsāyām} **ps** ślathyate **cs** ślathayati; slathāyate

ślāgh ślāghate {I Ā}, ślāghita *»prahlen, preisen, schmeicheln«* {katthane I, 118} **pf** śaślāghe, śaślaghire **ps** ślāghyate **gdv** ślāghya, ślāghanīya **abs** ślāghayati [ślāghā f. *»Prahlerei«*]

śliṣ śliṣyati {IV P}, śliṣṭa *»sich anhängen, umarmen«* {āliṅgane IV, 77} **pf** śiśleṣa **ao** aśliṣat **ps** śliṣyate **inf** śleṣṭum **abs** śliṣṭvā, -śliṣya **cs** śleṣayati; -te {PĀ śleṣaṇe X, 38}

śvas śvasiti {II P} | śvasati; -te, śvas(i)ta *»atmen«* {prāṇane II, 60} **pf** śaśvāsa **inj** mā śvasīḥ **ft** śvasiṣyati **gdv** -śvāsya, -śvasitavya, -śvasanīya **inf** śvasitum **abs** -śvasya **cs** śvāsayati **cs gdv** -śvāsanīya [ā-śvāsa m. *»Trost, Erholung«*]

ṣṭhiv ṣṭhīvati {I P}, ṣṭhyūta/ṣṭhīvita *»ausspeien«* {nirasane I, 592} **pf** tiṣṭheva **abs** -ṣṭhīvya

sajjay sajjayati (Denom.) sajjita *»besehnen; bereit machen«* [v. sajja *»bereit«*]

sañj sajati {I P}, sakta *»haften«* {saṅge I, 1036} **pf** sasañja **ao** asāṅkṣīt **ps** sajyate **gdv** sajya, -sa(ṅ)ktavya, -sañjanīya **inf** saktum **abs** -sajya **cs** sañjayati/sajjayati; -te [saṅga m. *»Umgang, Verkehr; Hang, Neigung«*]

sad sīdati; -te {I | VI P}, sanna *»sitzen; zusammensinken«* {viśaraṇagatyavasādaneṣu I, 907 | VI, 133} **pf** sasāda, seditha/sasattha, seduḥ **ao** asadat **ft** sīdiṣyati **ps** sadyate **gdv** -sādya, -sadanīya **inf** sattum/sīditum **abs** -sadya **cs** sādayati; -te {PĀ padyarthe X, 288} **cs ppf** -sādayām āsa **cs ps** sādyate **cs gdv** -sādayitavya, -sādanīya

sah sahate; -ti {I Ā}, soḍha *»ertragen, bewältigen, vermögen«* {marṣaṇe I, 905} **ft** sahiṣyate/sakṣyati; sahiṣyati **pft** soḍhā **ps** sahyate **gdv** sahya, soḍhavya/sahitavya, sahanīya **inf** soḍhum/sahitum **abs** -sahya **cs** sāhayati {PĀ X, 267}

sā/si -syati; -te | — {V | IX PĀ}, -sita *»binden«* {bandhane V, 2 | IX, 5} **pf** -sasau **ps** -sīyate **gdv** -seya, -setavya **inf** -situm **abs** -sāya **cs** -sāyayati

sādh sādhayati; -te | — {V P}, sādhita *»in Ordnung bringen; ausführen; erlangen«* {saṃsiddhau V, 17} **ps** sādhyate **gdv** sādhya, sādhayitavya, sādhanīya **inf** sādhitum **ds** siṣādhayiṣati/sisādhayiṣati [sādhana n. *»rel. Praxis; Mittel, Beweis (wörtl.: zum Ziele führend)«*]

sāntv sāntvayati; -te {X PĀ}, sāntvita *»besänftigen, trösten«* {sāmaprayoge X 33} **ppf** sāntvayām āsa/cakāra

si ⟶ sā/si

sic siñcati; -te {VI PĀ}, sikta *»ausgießen, besprengen«* {kṣaraṇe VI, 140} **pf** siṣeca; siṣice **ao** asicat; -ta **ft** sekṣyati; -te **ps** sicyate **gdv** secya, sektavya, secanīya **inf** sektum **abs** siktvā/siñcitvā, -sicya **cs** secayati; -te [abhi-ṣeka m. *»Königsweihe«*]

sidh sidhyati; -te {I P}, siddha *»zum Ziele gelangen«* {saṃrāddhau IV, 83} **ft** setsyati; -te [siddhi f. *»Gelingen, Vollkommenheit; mystische Kraft«*]

siv/syū sīvyati {IV P}, syūta *»nähen«* {tantusaṃtāne IV, 2} **gdv** sīvya **cs** sīvayati

su sunoti; sunute {V PĀ}, suta *»(aus)pressen«* {abhiṣave V, 1} **pf** suṣāva; suṣuve **ft** soṣyati **ps** sūyate **gdv** sā̆vya **abs** -sutya **cs** sāvayati [savana n. *»Somafest; Opfer«*]

sukh sukhayati {X PĀ}, sukhita *»erfreuen«* {tatkriyāyām X, 383} [sukha *»bequem«*, n. *»Behagen, Glück«*]

sū sūte; sauti {II Ā} | sūyate; -ti {IV Ā} | savati, sū̆ta *»zeugen, gebären«* {prāṇigarbhavimocane II, 21 | prāṇiprasave IV, 24} **ind** sūte, suvate | sūyate; -ti | savati **op** suvīta **ipv** suvai, sūṣva, sūtām **imp** asūta **pf** suṣuve; suṣāva **ft** saviṣyati/soṣyati; -te **ps** sūyate **abs** sūtvā, -sūya [(pra-)sūti f., pra-sava m. *»Geburt«*]

sūc sūcayati {X PĀ}, sūcita *»andeuten, verkünden«* {paiśunye X, 327}

sūtr sūtrayati {X PĀ}, sūtrita *»aneinander reihen, hervorbringen, als Sūtra darstellen«* {veṣṭane X, 360}

sūd sūdayati; -te {X PĀ}, sūdita *»töten«* {kṣaraṇe X, 177}

sṛ sarati; -te {I P}, sṛta *»rennen, fließen«* {gatau I, 982} **pf** sasāra, sasartha, sasāra, sasruḥ; sasre **ft** sariṣyati **gdv** -sārya, -sartavya, -saraṇīya **inf** sartum **abs** sṛtvā, -sṛtya **cs** sārayati; -te **cs ps** sāryate **cs gdv** -sāraṇīya [ava-sara m. *»Gelegenheit, rechte Zeit«*]

sṛj sṛjati; -te {VI P}, sṛṣṭa *»erschaffen; werfen; ausgiessen«* {visarge VI, 121} **pf** sasarja; sasṛje **ao** asrākṣīt **ft** srakṣyati; -te **ps** sṛjyate **gdv** sṛjya, sraṣṭavya **inf** sraṣṭum **abs** sṛṣṭvā, -sṛjya **cs** sarjayati **cs gdv** sarjya, sarjayitavya **ds** sisṛkṣati [sarga m. *»Schöpfung, Geschöpf, Natur (Charakter)«*]

sṛp sarpati; -te {I P}, sṛpta *»schleichen, kriechen«* {gatau I, 1032} **pf** sasarpa, sasṛpiva **ft** srapsyati **ps** sṛpyate **gdv** -sṛpya **inf** sarpitum **cs** sarpayati **ds** sisṛpsati **is** sarīsṛpyate [sarpa m. *»Schlange«*]

sev sevate; -ti {I Ā}, sevita *»besuchen, sich begeben zu, (be)dienen; genießen«* {sevane I, 530} **pf** siṣeve; siṣeva **ft** seviṣyate; -ti **ps** sevyate **gdv** sevya, sevitavya, sevanīya **inf** sevitum **abs** sevitvā, -sevya **cs** sevayati [sevā f. *»Dienst, Verehrung«*]

skand skandati; -te {I P}, skanna *»springen«* {gatiśoṣaṇayoḥ I, 1028} **pf** caskanda; caskande **abs** -skandya **cs** skandayati **cs ppp** skandita

skhal skhalati; -te {I P}, skhalita *»stolpern; irren«* {saṃcalane I, 577} **pf** caskhāla, caskhaluḥ **cs** skhalayati

stan stanayati {X PĀ}, stanita *»donnern«* {devaśabde X, 313} **abs** stanitvā

stabh/stambh stabhnāti {IX P} | stambhate {I Ā}, stabdha *»stützen; erstarren«* {rodhane IX, 7 | pratibandhe I, 413} **ipv** stabhnāni, stabhāna, stabhnātu **pf** tastambha **ps** stabhyate **ps ao** astambhi **gdv** stambhanīya **inf** stabdhum **abs** stabdhvā/stambhitvā, -stabhya **cs** stambhayati; -te [stambha m. *»Säule«*, ava-ṣṭambha m. *»Zuversicht, Mut«*]

stu stauti/stavīti; stute {II PĀ}, stuta *»preisen«* {stutau II, 34} **ind** staumi, stauṣi, stauti/stavīti, stuvanti; stute, stuvate **op** stuyāt; stavīta **ipv** stavāni, stuhi, stautu/stavītu **imp** astavam, astauḥ, astaut/astavīt, astuvan **pf** tuṣṭāva, tuṣṭuvuḥ; tuṣṭuve **ao** astāvīt/astauṣīt; austoṣṭa **ft** stoṣyati **ps** stūyate **gdv** stavya/stutya, stotavya, stavanīya **inf** stotum **abs** stutvā, -stutya/-stūya **cs** stāvayati; -te **ds** tuṣṭūṣati [(pra-)stuti f., stotra n. *»Lobeshymne«*]

stṛ/stṝ stṛṇoti; stṛṇute {V PĀ} | stṛṇāti; stṛṇīte {IX PĀ} | starati, stīrṇa/stṛta *»(be)streuen«* {ācchādane V, 6 | IX, 14} **pf** tastāra, tastaruḥ; tastare **ft** stariṣyati; -te **ps** stīryate **abs** stṛtvā, -stīrya/-stṛtya **cs** stārayati [vi-stāra m. *»Ausdehung, Weitläufigkeit«*]

styā styāyate {IV Ā}, styāna *»gerinnen, sich verhärten«*

sthā tiṣṭhati; -te {I P}, sthita *»stehen, verweilen«* {gatinivṛttau I, 975} **pf** tasthau; tasthe **ao** asthāt; **ft** sthāsyati; te **pft** sthātā **ps** sthīyate **ps ao** asthāyi **gdv** stheya, sthātavya **inf** sthātum/-sthitum **abs** sthitvā, -sthāya **cs** sthāpayati; -te **cs ppf** sthāpayām āsa **cs ps** sthāpyate **cs gdv** sthāpya, sthāpayitavya, sthāpanīya **ds** tiṣṭhāsati [adhi-ṣṭhāya, ā-sthāya *»mittels«*; sthiti f. *»Verweilen, Zustand, Erhaltung«*]

snā snāti {II P} | snāyate, snāta *»baden«* {śauce II, 43} **pf** sasnau, sasnuḥ **ft** snāsyati;

-te **ps ao** asnāyi **gdv** sneya, snātavya **inf** snātum **abs** snātvā, -snāya **cs** snăpayati; snāpayate [snāna n. »*Bad, Baden*«]

snih snihyati; -te {IV P}, snigdha »*klebrig, feucht werden; lieben*« {prītau IV, 91} **abs** snigdhvā, -snehya **cs** snehayati {PĀ snehane X, 36} **cs gdv** snehayitavya [sneha m. »*Klebrigkeit; Liebe*«]

spand spandate; -ti {I Ā}, spandita »*zucken*« {kiṃciccalane I, 14} **inf** spanditum **cs** spandayati; -te [spanda m. »*Zucken*«]

spardh spardhate; -ti {I Ā}, spardhita »*wetteifern*« {saṃgharṣe I, 3} **pf** paspardha **gdv** spardhya, spardhanīya

spṛś spṛśati; -te {VI P}, spṛṣṭa »*berühren*« {saṃsparśane VI, 128} **pf** pasparśa, paspṛśuḥ; paspṛśe **ao** asprākṣīt **ft** sprakṣyati **ps** spṛśyate **gdv** spṛśya, spraṣṭavya, sparśanīya **inf** spraṣṭum **abs** spṛṣṭvā, -spṛśya **cs** sparśayati; -te **cs gdv** sparśayitavya **ds** pispṛkṣati [sparśa m. »*Berührung, taktiles Gefühl*«]

spṛh spṛhayati; -te {X PĀ}, spṛhita »*eifern um*« {īpsāyām X, 325} **gdv** spṛhaṇīya [spṛhā f. »*Begehren*«]

sphar spharati {VI P}, — »*weit öffnen, aufreissen*« {sphuraṇe saṃcalane VI, 95} **abs** spharitvā **cs** sphārayati **cs ppp** sphārita

sphuṭ sphuṭati {VI P}, sphuṭita »*bersten*« {vikasane VI, 80} **pf** pusphoṭa **ft** sphuṭiṣyati **abs** sphuṭitvā **cs** sphoṭayati {PĀ bhedane X, 182} [sphoṭa m. »*Platzen; unteilbarer Bedeutungsträger in der einheimischen Semasiologie*«]

sphuṭay sphuṭayati (Denom.) sphuṭita »*platzen, deutlich werden*« [v. sphuṭa »*offen, deutlich*«]

sphur sphurati; -te {VI P}, sphurita »*schnellen, zittern, funkeln, hervorbrechen*« {sphuraṇe saṃcalane VI, 95} **ft** sphuriṣyati **inf** sphuritum **abs** sphuritvā/spharitvā **cs** sphurayati

sphūrj sphūrjati {I P}, sphūrjita »*dröhnen*« {vajranirghoṣe I, 254} **abs** -sphūrjya **cs** sphūrjayati

smi smayate; -ti {I Ā}, smita »*lächeln; erröten*« {īṣaddhasane I, 996} **pf** sismiye, sismāya **ppf** (vi-)smayām āsa **ao** asmayiṣta **gdv** -smayanīya **abs** sm(ay)itvā, -smitya **cs** smāpayati/smāyayati **cs gdv** -smāpanīya/-smāpayanīya [vi-smaya m. »*Erstaunen*«]

smṛ smarati; -te {I P}, smṛta »*sich erinnern, vergegenwärtigen; überliefern*« {ādhyāne I, 845; cintāyām I, 980} **pf** sasmāra, sasmaruḥ **ft** smariṣyati **ps** smaryate **gdv** smarya, smartavya, smaraṇīya **inf** smartum **abs** smṛtvā/smaritvā, -smṛtya **cs** smărayati; smārayate **cs ps** smāryate [smṛti f. »*Erinnerung, Tradition*«]

sya → sā/si

syand syandate; -ti {I Ā}, syanna »*fließen, strömen*« {prasravaṇe I, 798} **pf** sasyande **ps** syandyate **cs** syandayati

sraṃs/sras sraṃsate; -ti {I Ā}, srasta »*abfallen, erschlaffen*« {avasraṃsane I, 790} **ao** asrasat **cs** sraṃsayati **cs ps** sraṃsyate

srambh → śrambh

sru sravati; -te {I P}, sruta *»(aus)strömen«* {gatau I, 987} **pf** susrāva, susruvuḥ; susruve **ft** sraviṣyati **cs** srăvayati; srāvayate **cs gdv** srāvya

svaj/svañj svajate; -ti {I Ā}, svakta *»umarmen«* {pariśvaṅge I, 1025} **pf** sasvaje; sasvajuḥ **ft** svajiṣyate **inf** svaktum **abs** svajitvā, -svajya

svad svadate; -ti {I Ā}, svātta *»schmackhaft machen; schmecken«* {āsvādane I, 18} **pf** sasvade **gdv** svādya, svadanīya **cs** svādayati; -te {PĀ X, 263} **cs ppp** svādyate **cs gdv** svādanīya [svādu *»süß«*]

svan svanati; -te {I P}, svanita *»schallen«* {śabde I, 879} **pf** sasvāna, sasvanuḥ **cs** svanayati

svap svapiti {II P} | svapati; -te, supta *»(ein)schlafen«* {śayane II, 59} **ind** svapiti, svapanti | svapati; -te **pf** suṣvāpa, suṣupuḥ **ao** asvāpsīt **ft** svapsyati; svapsyate/svapiṣyate **ps** supyate **ps ao** asvāpi **gdv** svaptavya, svapanīya **inf** svaptum **abs** suptvā **cs** svāpayati **ds** suṣupsati

svapnāy svapnāyate (Denom.) — *»schläfrig sein, träumen«* [v. svapna m. *»Schlaf, Traum«*]

svid svidyati; -te {IV P}, svinna *»schwitzen«* {gātraprakṣaraṇe IV, 79} **pf** siṣvide **gdv** svedya **cs** svedayati [sveda m. *»Schweiß«*]

han hanti; hate {II P}, hata *»(er)schlagen«* {hiṃsagatyoḥ II, 2} **ind** hanmi, haṃsi, hanti, hanvaḥ, hathaḥ, hataḥ, hanmaḥ, hatha, ghnanti; hate, ghnate **op** hanyāt **ipv** hanāni, jahi, hantu, hanāma, hata, ghnantu **imp** ahanam, ahan, ahan, ahanva, ahatam, ahatām, ahanma, ahata, aghnan **pf** jaghāna, jaghnuḥ; jaghne **ft** haniṣyati; -te **pft** hantā **ps** hanyate **gdv** ghātya, hantavya **inf** hantum **abs** hatvā, -hatya/-hanya **cs** ghātayati; -te {PĀ hantyarthaḥ X, 184} **cs ao** ajīghanat **cs gdv** ghātya **ds** jighāṃsati; -te [vertritt präsentische Formen von → vadh]

has hasati; -te {I P}, hasita *»(ver)lachen«* {hasane I, 757} **pf** jahāsa, jahasuḥ; jahase **ft** hasiṣyati **ps** hasyate **ps ao** ahāsi **gdv** hāsya, hasanīya **inf** hasitum **abs** hasitvā, -hasya **cs** hāsayati **is** jāhasyate [(upa-)hāsa m. *»Gelächter«*]

hā jahāti {III P}, hīna/hāta/jahita *»verlassen«* {tyāge III, 8} **ind** jahāmi, jahāsi, jahāti, jahĭmaḥ, jahĭtha, jahati **op** jahyāt **ipv** jahāni, jahŭhi/jahāhi, jahātu, jahāma, jahīta, jahatu **imp** ajahām, ajahāḥ, ajahāt, ajahuḥ **pf** jahau, jahitha/jahātha, jahuḥ; jahe **ao** ahāsīt/ahāt **ft** hāsyati/jahiṣyati; hāsyate **ps** hīyate **gdv** heya, hātavya **inf** hātum **abs** hitvā, -hāya **cs** hāpayati; -te **cs ao** ajījahat **cs gdv** -hāpanīya **ds** jihāsati [hāni f. *»Abnahme, Verlust«*]

hi hinoti {V P} | hinvati, hita *»antreiben; schicken«* {gatau vṛddhau ca V, 11} **ind** hinoti, hinvanti | hinvati **pf** jighāya, jighyuḥ **ft** heṣyati **ps** hīyate **gdv** hetavya

hiṃs hinasti {VII P} | hiṃsati; -te, hiṃsita *»verletzen, töten«* {hiṃsāyām VII, 19} **ind** hinasmi, hinassi, hinasti, hiṃsmaḥ, hiṃstha, hiṃsanti | hiṃsati; -te **op** hiṃsyāt **ipv** hinasāni, hindhi, hinastu **imp** ahinasam, ahinaḥ/ahinat, ahinat, ahiṃsan **pf** jihiṃsa **ao** ahiṃsīt **ft** hiṃsiṣyati; -te **ps** hiṃsyate **gdv** hiṃsya, hiṃsitavya, hiṃsanīya **inf** hiṃsitum **cs** hiṃsayati {PĀ X, 286} [a-hiṃsā f. *»Gewaltlosigkeit«*]

hikk hikkati; -te {I P}, hikkita *»schlucksen«* {avyakte śabde I, 914}

hu juhoti; juhute {III P}, huta *»darbringen, opfern«* {dānādanayoḥ III, 1} **ind** juhoti, juhvati; juhute, juhvate **pf** juhāva, juhuvuḥ; juhuve **ppf** juhavāṃ cakāra **ao** ahauṣīt **ft** hoṣyati; -te **ps** hūyate **ppa** juhvant **gdv** havya, hotavya **inf** hotum **abs** hutvā **cs** hāvayati **ds** juhūṣati **is** johavīti [homa m. *»Opferguss«*]

hū ⟶ hvā/hve

hṛ harati; -te {I PĀ}, hṛta *»(weg)nehmen«* {haraṇe I, 947} **pf** jahāra, jahartha, jahruḥ; jahre **ao** ahārṣīt; ahṛta **ft** hariṣyati; -te **pft** hartā **ps** hriyate **ps ao** ahāri **gdv** hārya, hartavya, -haraṇīya **inf** hartum **abs** hṛtvā, -hṛtya **cs** hārayati **cs ps** hāryate **cs gdv** -hārayitavya **ds** jihīrṣati; jihīrṣyate **is** jarīharti [hara *»raubend«*, m. *»Räuber«*; hāra m. *»Raub«*]

hṛṣ hṛṣyati; -te {IV P}, hṛṣṭa/hṛṣita *»erregt werden«* {tuṣṭau IV, 119} **pf** jaharṣa, jahṛṣuḥ **ao** ahṛṣat **gdv** harṣitavya, harṣaṇīya **inf** harṣitum **abs** -hṛṣya **cs** harṣayati; -te **cs ppp** harṣita [harṣa m. *»Freude, Erregung«*]

heṣ/hreṣ h(r)eṣate; -ti {I Ā}, h(r)eṣita *»wiehern«* {avyakte śabde I, 652} **pf** jiheṣire

hnu hnute; hnauti {II Ā}, hnuta *»beseitigen, leugnen«* {apanayane II, 72} **inf** hnotum **abs** -hnutya

hras hrasati; -te {I P}, hrasita *»abnehmen«* {śabde I, 743} **cs** hrāsayati **cs gdv** hrāsanīya

hrād hrādate {I Ā}, hrādita *»tönen«* {avyakte śabde I, 26} [hrāda m. *»Geräusch«*]

hrī jihreti {III P}, hrīṇa/hrīta *»sich schämen«* {lajjāyām III, 3} **ind** jihreti, jihrītaḥ, jihriyati **op** jihrīyāt **ipv** jihretu **imp** ajihret **pf** jihrāya, jihriyuḥ **cs** hrepayati **is** jehrīyate

hreṣ ⟶ heṣ

hlād hlādate {I Ā}, hlādita/-hlanna *»erquicken«* {sukhe I, 27} **cs** hlādayati; -te **cs ao** ahlādayiṣata [(ā-)hlāda m. *»Erquickung«*]

hval hvalati; -te {I P}, hvalita *»fallen, verunglücken«* {calane I, 843}

hvā/hve hvayati; -te {I PĀ}, hūta *»(herbei)rufen«* {spardhāyāṃ śabde ca I, 1057} **pf** juhāva, juhuvuḥ **ppf** hvayām āsa/cakre **ft** hvāsyate **ps** hūyate **gdv** havya, hvātavya **inf** hvātum **abs** hūtvā, -hūya **cs** hvāyayati **cs gdv** -hvāyayitavya **ds** juhūṣati **is** johavīti [ā-hvāna n. *»Anrufen; gerichtliche Vorladung«*]

tatpuruṣaḥ

vibhaktitatpuruṣa: dvitīyātatpuruṣaḥ · kṛṣṇaṃ śritaḥ *kṛṣṇaśritaḥ*. duḥkham atītaḥ *duḥkhātitaḥ*. kūpaṃ patitaḥ *kūpapatitaḥ*. grāmaṃ gataḥ *grāmagataḥ*. tuhinam atyastaḥ *tuhinātyastaḥ*. sukhaṃ prāptaḥ *sukhaprāptaḥ*. duḥkham āpannaḥ *duḥkhāpannaḥ*. grāmaṃ gamī *grāmagamī*. annaṃ bubhukṣuḥ *annabubhukṣuḥ*. khaṭvām ārūḍhaḥ *khaṭvārūḍho* jalmaḥ. māsaṃ pramitaḥ *māsapramitaḥ*. muhūrtaṃ sukham *muhūrtasukham*.

vibhaktitatpuruṣa: tṛtīyātatpuruṣaḥ · śaṅkulayā khaṇḍaḥ *śaṅkulākhaṇḍaḥ*. dhānyenārthaḥ *dhānyārthaḥ*. māsena pūrvaḥ *māsapūrvaḥ*. mātrā sadṛśaḥ *mātṛsadṛśaḥ*. pitrā samaḥ *pitṛsamaḥ*. māṣenonam *māṣonam*. māṣena vikalam *māṣavikalam*. vācā kalahaḥ *vākkalahaḥ*. ācāreṇa nipuṇaḥ *ācāranipuṇaḥ*. guḍena miśraḥ *guḍamiśraḥ*. ayaṃ sopasargo 'pi: guḍena saṃmiśraḥ *guḍasaṃmiśraḥ*. ācāreṇa ślakṣṇaḥ *ācāraślakṣṇaḥ*. māsenāvaraḥ *māsāvaraḥ*. hariṇā trātaḥ *haritrātaḥ*. nakhair bhinnaḥ *nakhabhinnaḥ*. kākaiḥ peyā *kākapeyā* nadī. vātena chedyam *vātacchedyam*. dadhnaudanaḥ *dadhyodanaḥ*. guḍena dhānā *guḍadhānā*.

vibhaktitatpuruṣa: caturthītatpuruṣaḥ · yūpāya dāru *yūpadāru*. kuṇḍalāya hiraṇyam *kuṇḍalahiraṇyam*. gurave dakṣiṇā *gurudakṣiṇā*. bhūtāya baliḥ *bhūtabaliḥ*. gave hitam *gohitam*. gave rakṣitam *gorakṣitam*. dharmāya niyamaḥ *dharmaniyamaḥ*. dvijāyārtham *dvijārthaḥ* sūpaḥ, *dvijārthā* yavāgūḥ, *dvijārthaṃ* payaḥ.

vibhaktitatpuruṣa: pañcamītatpuruṣaḥ · corād bhayam *corabhayam*. siṃhād bhītaḥ *siṃhabhītaḥ*. vṛkād bhītiḥ *vṛkabhītiḥ*. vyāghrād bhīḥ *vyāghrabhīḥ*. sukhād apetaḥ *sukhāpetaḥ*. kalpanāyā apoḍhaḥ *kalpanāpoḍhaḥ*. cakrān muktaḥ *cakramuktaḥ*. svargāt patitaḥ *svargapatitaḥ*. taraṅgād apatrastaḥ *taraṅgāpatrastaḥ*.

vibhaktitatpuruṣa: ṣaṣṭhītatpuruṣaḥ · rājñaḥ puruṣaḥ *rājapuruṣaḥ*. kṛṣṇasya bhaktaḥ *kṛṣṇabhaktaḥ*. āmrasya phalam *āmraphalam*. sarveṣāṃ śvetataraḥ *sarvaśvetaḥ*. sarveṣāṃ mahattaraḥ *sarvamahān*. idhmasya vraścanaḥ *idhmavraścanaḥ*. cittasya gocaraḥ *cittagocaraḥ*.

vibhaktitatpuruṣa: karmaṇiṣaṣṭhītatpuruṣaḥ · brahmaṇo jijñāsā *brahmajijñāsā*. brāhmaṇānāṃ yājakaḥ *brāhmaṇayājakaḥ*. devānāṃ pūjakaḥ *devapūjakaḥ*.

vibhaktitatpuruṣa: saptamītatpuruṣaḥ · akṣeṣu śauṇḍaḥ *akṣaśauṇḍaḥ*. īśvare 'dhīnaḥ *īśvarādhīnaḥ*. sāṃkāśye siddhaḥ *sāṃkāśyasiddhaḥ*. ātape śuṣkaḥ *ātapaśuṣkaḥ*. sthālyāṃ pakvaḥ *sthālīpakvaḥ*. cakre bandhaḥ *cakrabandhaḥ*

nañtatpuruṣaḥ · na brāhmaṇaḥ *abrāhmaṇaḥ*. na pāpam *apāpam*. na dharmaḥ *adharmaḥ*.

karmadhārayaḥ

viśeṣaṇasamāsa: viśeṣaṇapūrvapadaḥ karmadhārayaḥ · ekaś cāsau nāthaś ca *ekanāthaḥ*. sarve ca te yājñikāś ca *sarvayājñikāḥ*. jarantaś ca te naiyāyikāś ca *jarannaiyāyikāḥ*. purāṇāś ca te mīmāṃsakāś ca *purāṇamīmāṃsakāḥ*. navāś ca te pāṭhakāś ca *navapāṭhakāḥ*. kevalāś ca te vaiyākaraṇāś ca *kevalavaiyākaraṇāḥ*. pāpaś cāsau nāpitaś ca *pāpanāpitaḥ*. aṇakaś cāsau kulālaś ca *aṇakakulālaḥ*. aśreṇayaḥ śreṇayaḥ kṛtāḥ *śreṇīkṛtāḥ*. saṃś cāsau vaidyaś ca *sadvaidyaḥ*. mahāṃś cāsau vaiyākaraṇaś ca *mahāvaiyākaraṇaḥ*. kutsito rājā *kiṃrājā*. kṛṣṇaś cāsau sarpaś ca *kṛṣṇasarpaḥ*. kṛṣṇau ca tau sarpau ca *kṛṣṇasarpau*. raktā cāsau latā ca *raktalatā*. rakte ca te late ca *raktalate*. raktāś ca tā latāś ca *raktalatāḥ*. nīlaṃ ca tad utpalaṃ ca *nīlotpalam*. nīle ca ta utpale ca *nīlotpale*. pūrvaś cāsau vaiyākaraṇaś ca *pūrvavaiyākaraṇaḥ*. aparaś cāsāv adhyāpakaś ca *aparādhyāpakaḥ*. paścimā cāsau rātriś ceti *paścimarātriḥ*.

viśeṣaṇasamāsa: viśeṣaṇottarapadaḥ karmadhārayaḥ · vaiyākaraṇaś cāsau khasūciś ca *vaiyākaraṇakhasūciḥ*. praśastā cāsau gauś ca *gomatallikā*. yuvā cāsau khalatiś ca *yuvakhalatiḥ*. gauś cāsau vṛndārakaś ca *govṛndārakaḥ*.

viśeṣaṇasamāsa: viśeṣaṇobhayapadaḥ karmadhārayaḥ · svacchaṃ ca madhuraṃ ca *svacchamadhuraṃ* jalam. sitaṃ ca tad raktaṃ ca *sitaraktam*. śītaṃ ca tad uṣṇaṃ ca *śītoṣṇam*. kṛtaṃ ca tad akṛtaṃ ca *kṛtākṛtam*.

"upamāna"samāsa[1]: upamānapūrvapadaḥ karmadhārayaḥ · ghana iva śyāmaḥ *ghanaśyāmaḥ*. kambuvad grīvā *kambugrīvā*. candra iva mukhaṃ *candramukham*.

"upamita"samāsa[2]: upamānottarapadaḥ karmadhārayaḥ · puruṣo vyāghra iva *puruṣavyāghraḥ*. naraḥ siṃha iva *narasiṃhaḥ*. rājā indur iva *rājenduḥ* = rājaśreṣṭhaḥ.

---

[1] Vgl. P. 2,1.55. [2] Vgl. P. 2,1.56.

rūpakasamāsa: upamānottarapadaḥ karmadhārayaḥ · bhāṣyam evābdhir *bhāṣyābdhiḥ*.

mukhaṃ candra iva [= upamitasamāsa/upamā] *mukhacandraḥ*. mukham candra eva [= rūpaka] *mukhacandraḥ*.

avadhāraṇāpūrvapadaḥ karmadhārayaḥ · vidyaiva dhanam *vidyādhanam*. avidyaiva śṛṅkhalā *avidyāśṛṅkhalā*. kriyā cāsau yogaś ca *kriyāyogaḥ*.

dviguḥ

sapta ca ta ṛṣayaś ca *saptarṣayaḥ*.

taddhitārthadviguḥ · pañcasu kapāleṣu saṃskṛtaḥ *pañcakapālaḥ*.

uttarapadadviguḥ · pañca gāvo dhanaṃ yasya *pañcagavadhanaḥ*.

samāhāradviguḥ · pañca gavaḥ samāhṛtāḥ *pañcagavam*. pañcānāṃ gavānāṃ samāhāraḥ *pañcagavam*. trayāṇāṃ śṛṅgāṇāṃ samāhāraḥ *triśṛṅgam*. pañcānāṃ phalānāṃ samāhāraḥ *pañcaphalī*.

[andere tatpuruṣa-Komposita]

madhyamapadalopī samāsaḥ · śākapriyaḥ pārthivaḥ *śākapārthivaḥ*. devapūjako brāhmaṇaḥ *devabrāhmaṇaḥ*.

kupūrvapadasamāsaḥ · kutsitaḥ puruṣaḥ *kāpuruṣaḥ*. īṣat puruṣaḥ *kāpuruṣaḥ*. kutsito 'śvaḥ *kadaśvaḥ*. īṣad uṣṇam *kaduṣṇam*. kutsitaḥ panthāḥ *kāpathaḥ*.

gatisamāsaḥ · *urarīkṛtya, śuklīkṛtya, paṭapaṭākṛtya, satkṛtya, asatkṛtya, alaṃkṛtya, puraskṛtya, tirobhūya, tiraḥkṛtya, sākṣātkṛtya, urasikṛtya, manasikṛtya, madhyekṛtya, hastekṛtya, pāṇaukṛtya.*

prādisamāsaḥ · adhiko rājā *adhirājaḥ*. śobhanam āgatam *svāgatam*.

dhātulopaprādisamāsaḥ · pragata ācāryaḥ *prācāryaḥ*. atikrānto mālām *atimālaḥ*. avakruṣṭaḥ kokilayā *avakokilaḥ*. parimlāno 'dhyayanāya *paryadhyayanaḥ*. niṣkrāntaḥ kauśāmbyāḥ *niṣkauśāmbiḥ*. prakṛṣṭā jātāḥ *prajātāḥ*. pragataḥ pitāmahaḥ *prapitāmahaḥ*. pragato dakṣiṇaṃ *pradakṣiṇam*.

upapadasamāsaḥ · kumbhaṃ karotīti *kumbhakāraḥ*. satyaṃ vadatīti *satyavādī*. nagaraṃ gacchatīti *nagaragāmī*. brahma tad vetti vijānātīti *brahmavid*. paṅkāj jāyata iti *paṅkajam*. madhye tiṣṭhatīti *madhyasthaḥ*.

mayūravyaṃsakādisamāsaḥ · *mayūravyaṃsakaḥ, uccāvacam, niścapracam, akiṃcanam, pītvāsthirakaḥ, ihadvitīyā*.

ekadeśitatpuruṣaḥ/avayavatatpuruṣaḥ/prathamātatpuruṣaḥ · pūrvaṃ kāyasya *pūrvakāyaḥ*. aparaṃ kāyasya *aparakāyaḥ*. ardhaṃ pippalyāḥ *ardhapippalī*. dvitīyaṃ bhikṣāyāḥ *dvitīyabhikṣā*.

aluksamāsaḥ · *ātmanepadaṃ, sarasijaṃ, devānāṃpriyaḥ*.

bahuvrīhiḥ

niṣṭhābahuvrīhiḥ · prāptaṃ udakaṃ yaṃ saḥ *prāptodako* grāmaḥ. bhuktam odanaṃ yena saḥ *bhuktaudano* bhūpaḥ. nirjitaḥ kāmo yena saḥ *nirjitakāmaḥ* śivaḥ. labdha udayo yayā sā *labdhodayā*. vibhaktaṃ dhanaṃ yais te *vibhaktadhanā* bāndhavāḥ. dattaṃ sūpaṃ yasmai saḥ *dattasūpo* brāhmaṇaḥ. upahṛtaḥ paśur yasmai sa *upahṛtapaśū* rudraḥ. uddhṛtaṃ dhanaṃ yasmāt tat *uddhṛtadhanaṃ* kuṇḍalam. uddhṛta odano yasyāḥ sā *uddhṛtaudanā* sthalī. kare sthitaṃ dhanaṃ yasya saḥ *karasthitadhano* vaṇik. sahasrāṇy akṣīṇi yasya saḥ *sahasrākṣaḥ*. āsannam nirvāṇaṃ mokṣo yasya sa *āsannanirvāṇaḥ*. bahavo yajvāno yasyāṃ sā *bahuyajvā* śālā. puṣpitā drumā yasmin tat *puṣpitadrumaṃ* vanam. vīrāḥ puruṣāḥ yasmin saḥ *vīrapuruṣakaḥ* grāmaḥ.

kharasya mukham iva mukhaṃ yasya saḥ *kharamukhas* turagaḥ. uṣṭrasya mukham iva mukhaṃ yasya saḥ *uṣṭramukho* yakṣaḥ.

vyadhikaraṇabahuvrīhiḥ · uccair ghaṭo yasyāḥ sā *uccairghaṭā* nārī. cakraṃ pāṇau yasya saḥ *cakrapāṇir* hariḥ. aśrūṇi mukhe yasyās tām *aśrumukhīm*.

nañbahuvrīhiḥ · avidyamānā bhāryā yasya saḥ *abhāryaḥ*. avidyamānaḥ putro yasya saḥ *aputraḥ*. na asya vidyate yamaḥ mṛtyur iti *ayamaḥ*.

prādibahuvrīhiḥ · prapatitaṃ parṇaṃ yasya saḥ *praparṇaḥ*. udgatā kandharā yasya saḥ *utkandharaḥ*. vigato naṣṭo dhavaḥ patir yasyāḥ sā *vidhavā*.

saṅkhyottarapadaḥ · daśānāṃ samīpe ye santi te *upadaśāḥ*. viṃśater āsannā yāḥ santi tāḥ *āsannaviṃśāḥ*.

saṅkhyobhayapadaḥ · dvau vā trayo vā *dvitrāḥ.* dvir āvṛttā daśa *dvidaśāḥ.*

vyatihāralakṣaṇaḥ · keśeṣu keśeṣu gṛhītvedaṃ yuddhaṃ pravartata iti *keśākeśī.* daṇḍena daṇḍenedaṃ yuddhaṃ pravartata iti *daṇḍādaṇḍī.*

digantarālalakṣaṇaḥ · dakṣiṇasyāḥ pūrvasyāś ca diśo 'ntarālam *dakṣiṇapūrvā.*

sahapūrvapadaḥ · saha putreṇāgata iti *saputraḥ sahaputro* vā. saha patnyā vartata iti *sapatnīkaḥ.* samānaṃ mūlaṃ yasya saḥ *samūlaḥ.*

aṅgagātrodarastanakaṇṭhoṣṭhadantamukhākṣikeśāḥ striyāṃ bahuvrīhau ṅībanta bhavanti. te ca yathā: sundaraṃ aṅgaṃ yasyāḥ sā *sundarāṅgī.* śobhanaṃ gātraṃ yasyāḥ sā *sugātrī.* kṛśam udaraṃ yasyāḥ sā *kṛśodarī.* cārū stanau yasyāḥ sā *cārustanī.* indīvara ivākṣiṇī yasyāḥ sā *indīvarākṣī.* kambur iva kaṇṭho yasyāḥ sā *kambukaṇṭhī.* kuṭilāḥ keśā yasyāḥ sā *kuṭilakeśī.*

itareṣām aṅgādivācakānāṃ strītve 'py ābantatvam eva: *cārudehā, vistṛtālakā, āvṛtakucā, kundadaśanā* ityādi.

dvandvaḥ

itaretaradvandvaḥ · dhavaś ca khadiraś ca *dhavakhadirau.* hariś ca haraś ca *hariharau.* hariś ca haraś ca guruś ca *hariharaguravaḥ.*

samāhāradvandvaḥ · prāṇitūryasenāṅgānāṃ dvandvaikavadbhāvaḥ.
prāṇyaṅge · pāṇī ca pādau ca mukhaṃ ca *pāṇipādamukham.*
tūryāṅge · mārdaṅgikaś ca vaiṇavikaś ca *mārdaṅgikavaiṇavikam.* śaṅkhaś ca paṭahaś ca *śaṅkhapaṭaham.*
senāṅge · rājanyarathāś cāśvāś ca *rājanyarathāśvam.*

ekaśeṣaḥ · rāmaś ca rāmaś ca rāmaś ca te *rāmāḥ.* vakradaṇḍaś ca kuṭiladaṇḍaś ca *vakradaṇḍau kuṭiladaṇḍau* vā. gārgyaś ca gārgāyaṇaś ca *gārgyau.* gārgī ca gārgyāyaṇau ca *gārgāḥ.* haṃsī ca haṃsaś ca *haṃsau.* bhrātā ca svasā ca *bhrātarau.* putraś ca duhitā ca *putrau.* mātā ca pitā ca *pitarau.* śvaśrūś ca śvaśuraś ca *śvaśurau.*

avyayībhāvaḥ

- vibhaktyarthe: harāv iti *adhihari.*
- samīpārthe: kṛṣṇasya samīpam *upakṛṣṇam*, vanasya samīpam *anuvanam.*
- samṛddhyarthe: madrāṇāṃ samṛddhiḥ *sumadram.*
- vṛddhyarthe: yavanānāṃ vṛddhiḥ *duryavanam.*
- abhāvārthe: makṣikāṇām abhāvaḥ *nirmakṣikam.*
- atyayārthe: himasyātyayaḥ *atihimam.*
- asampratyarthe: nidrā samprati na yujyata iti *atinidram.*
- śabdaprādurbhāve: hariśabdasya prakāśaḥ *itihari.*
- paścādarthe: viṣṇoḥ paścāt *anuviṣṇu.*
- yathārthe: yogyatāvīpsāpadārthānativṛttisādṛśyāni yathārthāḥ.
  - rūpasya yogyam *anurūpam*,
  - artham arthaṃ prati *pratyartham*,
  - śaktim anatikramya *yathāśakti*,
  - hareḥ sādṛśyam *sahari.*
- ānupūrvye: jyeṣṭhasyānupūrvyeṇeti *anujyeṣṭham.*
- yaugapadyārthe: cakreṇa yugapat *sacakram.*
- sādṛśyārthe: sakhyā sadṛśaḥ *sasakhi.*
- sampattyarthe: kṣatrāṇāṃ saṃpattiḥ *sakṣatram.*
- sākalye: tṛṇam apy aparityajya *satṛṇam atti.*
- antārthe: agnigranthaparyantam adhīte *sāgni.*
- yathā sadṛśye: balam anatikramya *yathābalam*, vidhim anatikramya *yathāvidhi*, *yathecchayā.*
- yāvad avadhāraṇe: yāvantaḥ ślokāḥ *yāvacchlokam.*
- suppratinā mātrārthe: śākasya leśaḥ *śākaprati.*
- nāṭyoktiḥ: *svagatam/ātmagatam*, *prakāśam*; *savismayam*, *sasmitam*, *sānandam*, *saromāñcam*, *saślāgham*, *sasaṃbhramam*, *sakrodham*, *sabhayam*, *satrāsam*, *satrāsotkampam*, *salajjam*, *sāsram*, *saviṣādam*, *janāntikam.*
- akṣaśalākāsaṅkhyāḥ pariṇā: akṣeṇa viparītaṃ vṛttam *akṣapari*, *śalākāpari.*
- apaparibahirañcavaḥ pañcamyāḥ: *apaviṣṇu*, *pariviṣṇu*, *bahirvanam*, *prāgvanam.*
- maryādābhividhyoḥ: *āmukti* ā mukteḥ, *ābālam* ā bālāt, *āsamudrāt* ā samudrāt.

- lakṣaṇenābhipratī ābhimukhye: agnim abhi *abhyagni*, agnim prati *pratyagni*.
- yasya cāyāmo dairghyam: gaṅgāyā anu *anugaṅgaṃ* vārāṇasī.
- tiṣṭhadguprabhṛtīni ca: tiṣṭhanti gāvo yasmin kāle saḥ *tiṣṭhad-gudohanakālaḥ*.
- pāre madhye ṣaṣṭhyā vā: pāre gaṅgāyāḥ *pāregaṅgād* (*gaṅgā-pārāt*), madhye gaṅgāyāḥ *madhyegaṅgāyāḥ* (*gaṅgāmadhyāt*). pakṣe ṣaṣṭhītatpuruṣaḥ.
- nadībhiś ca: *saptagaṅgam*, *dviyamunam*.
- anyapadārthe ca saṃjñāyām: *unmattagaṅgaṃ* nāma deśaḥ, *lohita-gaṅgam*.

iti samāsadarpaṇam.

Metrische Zeichen

– metrisch lange Silbe (*guru*)

⏑ metrisch kurze Silbe (*laghu*)

× anceps, beliebige Silbe

¦ Zäsur (*yati*)

| Ende eines Strophenviertels (*pāda*)

Zur Definition der Versmaße werden je drei Silben zu sog. *gaṇas* zusammengefasst:

ma	– – –	*na*	⏑ ⏑ ⏑		
bha	– ⏑ ⏑	*ja*	⏑ – ⏑	*sa*	⏑ ⏑ –
ya	⏑ – –	*ra*	– ⏑ –	*ta*	– – ⏑

Einzelsilben: *ga* – und *la* ⏑.

Anuṣṭubh (vulgo *»śloka«*)

Grundregeln für alle Formen der Anuṣṭubh

1. Vier *pādas* (üblicherweise mit a–d bezeichnet) zu je acht Silben.
2. In jedem *pāda* sind Silben 1 und 8 anceps (×),
3. Silben 2 und 3 dürfen nicht beide kurz (⏑ ⏑) sein.
4. In den geraden *pādas* (b und d) müssen Silben 5–7 *ja* (⏑ – ⏑) bilden, die Silben 2–4 dürfen nicht *ra* (– ⏑ –) bilden.

Die Normalform *(pathyā)*

In den ungeraden *pādas* (a und c) bilden die Silben 5–7 *ya* (⏑ – –). Dies ist die häufigste Form der Anuṣṭubh.

a/c: × × × × ⏑ – – × | (Silben 2–3: s. Regel 3)   b/d: × × × × ⏑ – ⏑ × | (Silben 2–4: s. Regeln 3 u. 4)

Die Varianten *(vipulā)*

In einem der oder beiden ungeraden *pādas* (a und/oder c) können die Silben 5–7 einen der folgenden *gaṇas* bilden: *ma, bha, na* oder *ra.*[1] Liegt eine solche *vipulā*-Form vor, so gelten weitere Regeln für die Silben 2–4:

na	× × × – ⏑ ⏑ ⏑ × | (Silben 2–3: s. Regel 3)	*gnau*	
bha	× – ⏑ – – ⏑ ⏑ × |	*rbhau*	(selten: × – – –¦– ⏑ ⏑ × | *mbhau*)
ma	× – ⏑ – –¦– – × |	*rmau*	
ra	× × × –¦– ⏑ – × | (Silben 2–3: s. Regel 3)	*grau*	

[1] Manche frühe Texte kennen darüber hinaus eine *sa-vipulā* (mit Zäsur nach der 4. Silbe), manchmal liegt aber lediglich eine Textverderbnis vor.

samavṛtta (a=b=c=d)

(11) syād **Indravajrā**[1] yadi tau jagau gaḥ
– – ⏑ – – ⏑ ⏑ – ⏑ – – |

(11) **Upendravajrā**[1] jatajās tato gau
⏑ – ⏑ – – ⏑ ⏑ – ⏑ – – |

(11) rān narāv iha **Rathoddhatā** lagau
– ⏑ – ⏑ ⏑ ⏑ – ⏑ – ⏑ – |

(11) viśrāme ’bdhau **Śālinī** mena tau gau
– – – – ¦ – ⏑ – – ⏑ – – | (Zäsur nach 4 Silben)

(11) **Svāgatā** ranabhagair guruṇā ca
– ⏑ – ⏑ ⏑ ⏑ – ⏑ ⏑ – – |

(12) syād **Indravaṃśā**[2] tatajai rasaṃyutaiḥ
– – ⏑ – – ⏑ ⏑ – ⏑ – ⏑ – |

(12) vada **Toṭakam** abdhisakārayutam
⏑ ⏑ – ⏑ ⏑ – ⏑ ⏑ – ⏑ ⏑ – |

(12) **Drutavilambitam** āha nabhau bharau
⏑ ⏑ ⏑ – ⏑ ⏑ – ⏑ ⏑ – ⏑ – |

(12) **Pramitākṣarā** sajasasaiḥ kathitā
⏑ ⏑ – ⏑ – ⏑ ⏑ ⏑ – ⏑ ⏑ – |

(12) vadanti **Vaṃśastham**[2] idaṃ jatau jarau
⏑ – ⏑ – – ⏑ ⏑ – ⏑ – ⏑ – |

(13) tryāśābhir manajaragāḥ **Praharṣiṇīyam**
– – – ¦ ⏑ ⏑ ⏑ ⏑ – ⏑ – ⏑ – – | (3)

(13) sajasā jagau ca yadi **Mañjubhāṣiṇī**[3]
⏑ ⏑ – ⏑ – ⏑ ⏑ ⏑ – ⏑ – ⏑ – |

(13) jabhau sajau g iti **Rucirā** caturgrahaiḥ
⏑ – ⏑ – ¦ ⏑ ⏑ ⏑ ⏑ – ⏑ – ⏑ – | (4)

(14) jñeyaṃ **Vasantatilakaṃ** tabhajāj jagau gaḥ
– – ⏑ – ⏑ ⏑ ⏑ – ⏑ ⏑ – ⏑ – – |

(15) nanamayayayuteyaṃ **Mālinī** bhogilokaiḥ
⏑ ⏑ ⏑ ⏑ ⏑ ⏑ – – ¦ – ⏑ – – ⏑ – – | (8)

---

[1] Eine Mischung aus Indravajrā und Upendravajrā – d. h. mit variabler langer oder kurzer erster Silbe – wird als Upajāti bezeichnet. [2] Eine Mischung aus Vaṃśastha(vila) und Indravaṃśā – d. h. mit variabler langer oder kurzer erster Silbe – wird als Vaṃśamālā bezeichnet. [3] Wird u. a. auch Sunandinī oder Prabodhitā genannt.

(17) yadi bhavato najau bhajajalā guru **Nardaṭakam**[1]
∪ ∪ ∪ ∪ – ∪ – ∪ ∪ ∪ – ∪ ∪ – ∪ ∪ – |

(17) jasau jasayalā vasugrahayatiś ca **Pṛthvī** guruḥ
∪ – ∪ ∪ ∪ – ∪ –¦∪ ∪ ∪ – ∪ – – ∪ – | (8)

(17) **Mandākrāntā** jaladhiṣaḍagair mbhau natau tād gurū cet
– – – –¦∪ ∪ ∪ ∪ ∪ –¦– ∪ – – ∪ – – | (4, 6)

(17) rasai rudraiś chinnā yamanasabhalā gaḥ **Śikhariṇī**
∪ – – – – –¦∪ ∪ ∪ ∪ ∪ – – ∪ ∪ ∪ – | (6)

(17) rasayugaharair nsau mrau slau go yadā **Hariṇī** tadā
∪ ∪ ∪ ∪ ∪ –¦– – – –¦∪ – ∪ ∪ – ∪ – | (6, 4)

(19) sūryāśvair yadi maḥ sajau satatagāḥ **Śārdūlavikrīḍitam**
– – – ∪ ∪ – ∪ – ∪ ∪ ∪ –¦– – ∪ – – ∪ – | (12)

(21) mrabhnair yāṇāṃ trayeṇa trimuniyatiyutā **Sragdharā** kīrtiteyam
– – – – ∪ – –¦∪ ∪ ∪ ∪ ∪ ∪ –¦– ∪ – – ∪ – – | (7, 7)

ardhasamavṛtta (a=c, b=d)

(10/11) viṣame sasajā guruḥ same, sabharā lo 'tha gurur **Viyoginī**[2]
a/c: ∪ ∪ – ∪ ∪ – ∪ – ∪ – | b/d: ∪ ∪ – – ∪ ∪ – ∪ – ∪ – |

(11/12) ayuji nanaralā guruḥ same, tad **Aparavaktram**[2] idaṃ najau jarau
a/c: ∪ ∪ ∪ ∪ ∪ ∪ – ∪ – ∪ – | b/d: ∪ ∪ ∪ ∪ – ∪ ∪ – ∪ – ∪ – |

(11/12) sasajāḥ prathame pade gurū cet, sabharā yena ca **Mālabhāriṇī**[3] syāt
a/c: ∪ ∪ – ∪ ∪ – ∪ – ∪ – – | b/d: ∪ ∪ – – ∪ ∪ – ∪ – ∪ – – |

(12/13) ayuji nayugarephato yakāro, yuji tu najau jaragāś ca **Puṣpitāgrā**
a/c: ∪ ∪ ∪ ∪ ∪ ∪ – ∪ – ∪ – – | b/d: ∪ ∪ ∪ ∪ – ∪ ∪ – ∪ – ∪ – – |

viṣamavṛtta (a≠b≠c≠d)

(10–13) prathame sajau yadi salau ca, nasajagurukāṇy anantaram
yady atha bhanajalagāḥ syur atho, sajasā jagau ca bhavatīyam **Udgatā**
a: ∪ ∪ – ∪ – ∪ ∪ ∪ – ∪ | b: ∪ ∪ ∪ ∪ ∪ – ∪ – ∪ – |
c: – ∪ ∪ ∪ ∪ ∪ ∪ – ∪ ∪ – | d: ∪ ∪ – ∪ – ∪ ∪ ∪ – ∪ – ∪ – |

---

[1] Wird auch Narkuṭaka genannt. [2] Viyoginī und Aparavaktra sind Spezialfälle eines Vaitālīya (⟶ morenzählende Metren). [3] Die Mālabhāriṇī ist der Spezialfall eines Aupacchandasaka (⟶ morenzählende Metren).

Āryā[1] (30+27 Moren)

1. Zwei Hälften mit je acht *gaṇas*: Der 8. *gaṇa* in beiden Hälften wird aus einer Länge (–), der 6. *gaṇa* der zweiten Hälfte aus einer Kürze (⏑) gebildet; alle anderen bestehen jeweils aus 4 Moren (⏑ zählt eine More, – zwei Moren).
2. Die ungeraden *gaṇas* (1, 3, 5, 7) dürfen in beiden Hälften nicht *ja* sein. Der 6. *gaṇa* der 1. Hälfte ist entweder *ja* oder *kha* (⏑⏑⏑⏑); in letzterem Fall folgt auf die 1. Kürze eine Zäsur.[2]
3. Wenn der 7. *gaṇa* der 1. Hälfte *kha* ist, geht ihm eine Zäsur voran. Wenn in der 2. Hälfte der 5. bzw. der 7. *gaṇa kha* ist, dann muß vor diesen *gaṇas* gegebenenfalls eine Zäsur gesetzt werden.[3]
4. Wenn nach dem jeweils 3. *gaṇa* beider Hälften eine Zäsur gesetzt wird, handelt es sich um eine *pathyā*, wenn in mindestens einer Hälfte eine solche Zäsur fehlt, spricht man von einer *vipulā*.[4]

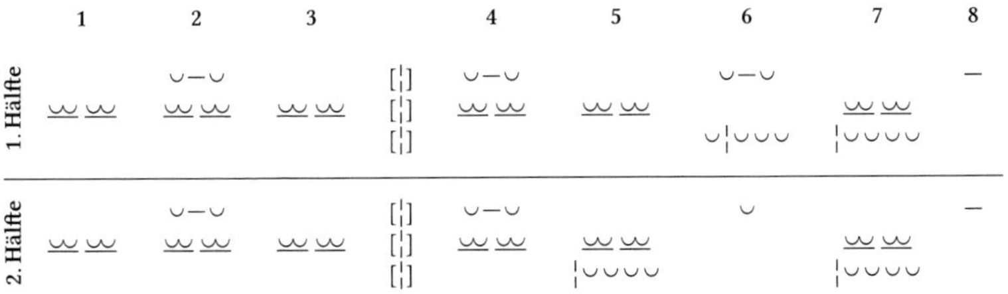

Āryā-Varietäten

- Wenn der 2. und der 4. *gaṇa* in beiden Hälften *ja* sind und jeweils von zwei Längen eingeschlossen werden, liegt eine **Sarvataścapalā** (30+27) vor; wenn dies nur in der 1. resp. 2. Hälfte der Fall ist, handelt es sich um eine **Mukhacapalā** (30+27) resp. **Jaghanacapalā** (30+27).
- Wird der 6. *gaṇa* in beiden Hälften durch *ja* oder *kha* gebildet, handelt es sich um eine **Gīti** (30+30); besteht der 6. *gaṇa* in beiden Hälften lediglich aus einer Kürze, liegt eine **Upagīti** (27+27) vor.
- Die Vertauschung der beiden Āryā-Hälften führt zu einer **Udgīti** (27+30). Sind in beiden Hälften jeweils alle acht *gaṇas* viermorig, wobei die beiden 6. *gaṇas* aus *ja* oder *kha* gebildet werden und die Schlußsilbe in beiden 8. *gaṇas* lang sein muß (also: ⏓–), handelt es sich um eine **Āryāgīti** (32+32).

[1] Die Beschreibung folgt leicht modifiziert Roland STEINERS Zusammenfassung nach Ratnākaraśāntis Chandoratnākara. [2] Gilt analog auch für den 6. *gaṇa* in der 2. Hälfte einer Gīti, einer Udgīti und einer Āryāgīti. [3] Gilt analog auch für die 1. Hälfte einer Upagīti. [4] Auch die folgenden Āryā-Varietäten können jeweils in Form einer *pathyā* oder *vipulā* gebildet werden.

Vaitālīya[1] (14+16)

Kombination aus moren- und silbenzählenden Versfüßen: In den ungeraden *pādas* folgt auf je drei, in den geraden hingegen auf vier zweimorige *gaṇas* (⏖) die in der Silbenquantität festgelegte Sequenz *ra, la, ga.*

a/c: ⏖ ⏖ ⏖ – ⏑ – ⏑ – | b/d: ⏖ ⏖ ⏖ ⏖ – ⏑ – ⏑ – |

Aupacchandasaka[2] (16+18)

Kombination aus moren- und silbenzählenden Versfüßen: In den ungeraden *pādas* folgt auf je drei, in den geraden hingegen auf vier zweimorige *gaṇas* (⏖) die in der Silbenquantität festgelegte Sequenz *ra, ya.*

a/c: ⏖ ⏖ ⏖ – ⏑ – ⏑ – – | b/d: ⏖ ⏖ ⏖ ⏖ – ⏑ – ⏑ – – |

[1] Quantitativ durchgängig festgelegte Spezialfälle eines Vaitālīya sind die Viyoginī und das Aparavaktra, die von den indischen Metrikern jedoch als *ardhasamavṛttas* (→ silbenzählende Metren) klassifiziert werden. [2] Wird auch Aupacchandasika genannt. Der quantitativ durchgängig festgelegte Spezialfall eines Aupacchandasaka ist die Mālabhāriṇī, die von den indischen Metrikern jedoch als *ardhasamavṛtta* (→ silbenzählende Metren) klassifiziert wird.